사랑 빛 생명 노래

경남문협 생명사화집

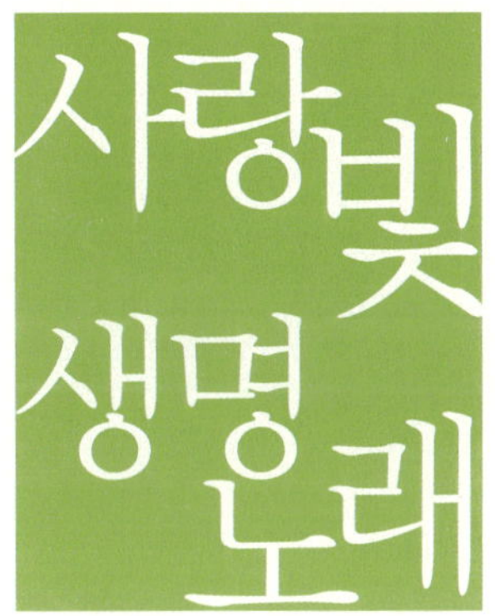

경상남도문인협회
Gyeong Nam Writers Association

개똥밭에 굴러도 이승이 좋다

나는 무한히 살고 싶더라.

너랑 살아보고 싶더라.

살아서 죽음보다 그리운 것이 되고 싶더라.

—신동집 〈목숨〉 부분

생명은 살아 있음입니다. 생명은 나에게로 와서 살이 되고 뼈가 되고 얼이 됩니다. 생명은 하늘에서 내려와 땅으로 돌아가는 것이 순리입니다. 나의 작은 몸속에 자연과 우주가 함께 들어 있습니다. 이런 기운이 서로에게 영향을 미침으로써 더불어 사는 기쁨의 존재가 되는 것입니다. 살아 있는 것을 함부로 하면 재앙이 오게 됩니다. 몸과 얼이 내 속에 있다고 하여 내 것일 수만은 없습니다. 생명은 무엇과도 바꿀 수 없는 존엄한 가치를 가집니다. 모든 생명은 스스로 삶의 중심입니다. 하나의 생명은 다른 생명과의 유기적인 관계 속에서 상호 의존하며 상생의 원리를 실현합니다. 때로는 생존 경쟁의 관계 속에서 목숨을 건 갈등과 충돌 또한 피할 수 없는 삶의 양상이기도 합니다.

세상에 소중하지 않은 생명은 없습니다. 누구나 축복 속에 태어났으며,

김 복 근
경남문협 회장

저마다 삶의 의미가 가득합니다. 생명은 함부로 해서는 안 될 일입니다. 생명은 무엇과도 바꿀 수 없는 귀중한 가치이자 자산입니다. 우리 조상들은 '개똥밭에 굴러도 이승이 좋다' 고 하였습니다. 살다보면 즐거운 일보다는 슬프고 화나는 일이 더 많아 힘들지만, 죽을 각오로 살다보면 필연적으로 기쁘고 즐거운 일도 따라오게 되어 있다는 말입니다.

여기 경남의 문인들이 《사랑빛 생명노래》를 사화집으로 묶었습니다. 생명이 경시되고, 갈등과 불화로 곤고한 삶을 사는 우리에게 살아 있음의 기쁨을 안겨 줄 것으로 확신합니다. 생명의 싹을 틔우고, 자라게 하고, 꽃 피우고, 열매 맺는 일, 그리고 다시 열매가 씨알이 되어 새싹을 틔우는 생명의 순환은 정말 힘들고 고통스러운 일입니다. 그러나 싹을 틔우고, 자라게 하고, 꽃을 피우고, 열매를 맺는 일만큼 아름답고, 위대한 일이 또 어디 있겠습니까.

생명의 신비와 살아 있음의 아름다움을 노래하는 경남 문인들의 육성에 귀를 기울여 보십시오. 새로운 삶의 의지가 샘솟아 오를 것입니다. 현재의 삶이 힘들고 고통스럽더라도 자신의 존재 이유를 새기면서 《사랑빛 생명노래》를 음미해 보시기 바랍니다.

천상의 생명 환희

큰 영혼과 긴 사랑이 교접하는 하늘의 심연, 가을 땅에 지신 밟듯 머리 풀고 가슴 헤친 경남 문인들이 신경 떨며 한뜸 한수, 한수 한뜸, 수놓은 지상의 옷가지가 눈부시게 키 맑은 나무에 올라 천상의 생명환희를 꽃피웁니다.

태엽 낡은 시곗바늘과 사막의 증기기차, 네모돌이 자연과 세모돌이 인간……. 무엇이든 편견 벗고 껴안은 잡동 부스러기가 창작의 눈과 소생의 힘으로 미지의 재활 풍경 속에 고독한 행복으로 화안이 웃습니다.

경남예술제에 천재적인 경남 문인들의 작품집 발간에 숨을 쉬다 말고 심장이 터지도록 희열과 순수의 진한 목청으로 축하드립니다.

문학의 소통행위가 풀밭의 뱀이나 수염난 염소를 아는 척하고 싶지만 그것은 풀그림자를 먹고사는 목동의 몫이 되었으며 시멘트 숲의 유리나 철골을 만지고 싶지만 이미 그것은 밀폐된 공간의 벽 속에 갇혀 있습니다.

마르크스의 자본론 이후 인간사고는 경제, 경쟁, 시장, 자본의 사회경제과학에 문학성마저 농락당했고 신성한 자연가치의 절대성마저 신의 역할을 점령당한 그래서 인간의 존재가치가 일회용 젓가락이 되어버린 형이하학적 대비극이 악마처럼 거대한 물신의 피라미드를 구축하고 있습니다.

물신의 야만성과 기계성을 조소하고 비웃는 하늘과 바다는 인간 구원의

이 종 일
경남예총 회장

마지막 보류이며 높은 하늘, 깊고 넓은 바다의 존재는 인간의 사고와 상상과 이상 그 자체입니다. 이것이 문학성입니다. 문학이 고고하기에 물신이 두려워합니다. 문학이 생명이기에 부조리한 동굴 속의 인간을 해방시킵니다. 문학이 바람이기에 자유사상을 창조합니다. 문학은 위대하고 문학인은 더더욱 위대합니다. 진귀한 문학 속에 잠재한 인간의 모든 것은 정말 숭고합니다.

문학의 고독으로 구름의 자유를 질투하는 감성, 핏발 선 독수리 눈을 냉혹히 후벼 파는 지성, 우주 속 천태만상의 원형인 북극성은 바로 문학의 바로미터입니다. 문학이 살아야 예술이 승화되고 문학이 살아야 자기 초극창조가 영원합니다. 문학이 살아야 경계석을 허물고 인간의 역사에 씨를 뿌립니다. 문학은 인간과 자연의 근원적 에너지입니다.

다시 한번 경남 문인들의 사화집 《사랑빛 생명노래》 발간을 축하드리며 김복근 회장님과 회원 여러분께 감사드립니다. "문학은 신을 창조했다." 차라투스트라는 이렇게 말했습니다.

차 례

사랑빛 생명노래

시조

동시

동화

수필

소설

시

강득송 강지연 강홍중 강희근 공정식
곽향련 권경식 김 경 김근숙 김동현
김명희 김무영 김미숙 김미정 김서안
김연희 김일태 김혜숙 남기태 도리천
류경일 문봉규 민병기 박서영 박종득
배소희 배종애 배한봉 서인숙 성기종
성선경 손국복 신계식 안길수 오삼록
오하룡 우원곤 윤종덕 이경희 이광석
이 덕 이명호 이미순 이병관 이상규
이상옥 이월춘 이일림 이점선 이주언
장인숙 전문수 정삼조 정삼희 정이경
조민자 조은길 조재영 조종명 주선화
차영한 하연승 하영갑 한영순 황시은

강 | 득 | 송

생 명

이 세상이
억조창생이 드나드는 길목이라 하더라도
나 하나가 거기에 보태지고
나 하나가 빠지면 아무것도 아니다.

광활한 우주도
한 개의 점으로 장난치며 남고 싶은
한 사람도
그것들과 1:1의 관계라는 것

만들지도
만들어 가지도 못하는
신비에만 싸인
너
그리고 나

시인의 집 민족시인상, 월간 『한국시』 신인상 수상. 시집 『메마른 땅에 단비 내리고』, 『고향, 그건 그리움이다』 등. 한국문협 회원. 창원시 동읍 용잠리 동면교회 목사

우리 모두

근원에서 근원으로 살다 가자
한번 당한 캐스팅
이 귀한 역으로

강 | 지 | 연

내과 병동에서

삼백육십 골절마다
목탁 소리 울리고
팔만 사천 모공이 메말라 우는
여든두 살 시아버님
저승 문턱 다녀오신 후로
근심스런 병자년 봄 혼몽지중의 세월
내과 병동 중환자실
병 깊은 얼굴들
흐르지 않고 출렁이는 눈물을 본다

대학병원 뒤뜰
수국꽃 물무늬로 어룽져
영안실 곡소리 꽃물에 번져가면
생명의 진한 불꽃
효성의 등불로 달아올려

경남 진주 출생. 마산시문화상, 경남문협 우수작품상 수상. 경남여류문학회 회장, 마산문협 부회장 역임. 시집 『금등 하나 켜고』. 국제펜클럽 한국본부, 한국문협, 경남문협, 마산문협 회원

살아서
살아서 내일로 이어가고 싶은
들판 같은 꿈을 꾼다

강 | 홍 | 중

고구마꽃

삶의 뿌리가
새빨간 열정으로
아물어 피어오른
일편단심의 속정

팔월의 뙤약볕에
생각이 깊어서
아름다운 마음 부끄러워
잠시 고개 숙였네

아직 피우지 못한 배아줄기의 꽃
열정을 품은 곳에 꽃 피고
살아 있는 생명에는
언제나 사랑이 핀다.

경남 함안 여항 출생. 2005년 『한국문인』 신인상 등단. 『한국문인』 문학상 수상.
저서 『천국에 핀 싸리꽃』(예찬사). 경남문협, 한국문협, 함안문협 회원

강 | 희 | 근

벌초

사정없이 풀이 잘려 나간다
풀과의 전쟁, 그러나 풀은 우리에게 전쟁을 걸어오지
않았다

그들은 옛날의 산길을 다 점령하고
옛날의 쉼터 그 한가한 등성이를 남김 없이 덮고 있지만
그들은 그들의 생명이 시키는 대로 자라고 또
자랐을 뿐

우리에게 전쟁을 걸어올 뜻이 없었다
그들은 바람에 쓸리거나
칡넌출에 짓눌리거나 키 작은 나뭇가지에 상체가 뒤틀려
있다

그러던 중에 뽑힌 자로 보이는 것들
우리 조상들의 무덤 근처로 들어와 무덤이 자유인 분들

1965년 《서울신문》 신춘문예 시부문 당선. 1966년 공보부 신인상. 경남시인협회 회장. 국립경상대학교 인문대학장 역임. 국립경상대학교 인문대학 국문학과 명예교수

그분들 자유를 먹으며 놀았다

아 자유가 밥인 그들, 자유만큼 키가 자랐을까
사정없이 잘려 나간다
예취기 핑 핑 돌아 그들의 목 댕강 댕강
잘려 나간다

그들은 자유로 적막을 키우고 적막한 골짜기
메아리로 우리에게 선사했을 뿐
우리에게 전쟁을 걸어오지 않았다

예취기가 돈다 이 무슨 무지막지한 일인가
푸른 것들은 순교처럼 목이 잘리고도
색깔 바뀌지 않는구나
타작마당 볏모개미로 풀 풀 날리고도
풀, 풀, 눈 부릅뜬 채로 색깔 바뀌지 않는구나

공 | 정 | 식

生 命

수천 개 마디마디 뼈와
수만 개 세포와
수십 톤의 피와 땀
생生의 삶을 안고
동맥의 기름 심지 올려
한발 한발 멈추지 않고
메마른 현실 밖에 기폭幅을 걸어본다.

절벽이면 어떻고
더럽고 아니꼬우면 어떠랴
한 많은 세상 어디들 어떠하랴…

조상이 주신 생명의 은혜
이곳에 서서
햇살만큼 크고

마산문협, 경남문협, 한국문협, 문학춘추작가협회, 불교(원불교)문협 회원

달빛만큼 자라서
동 · 서 · 남 · 북 갈 길 바로 가고
세상사와 인심人心도 알고
운명이 준 숙명宿命으로 끌어 안고
묵묵한 가슴 하나로
천박한 땅 진실로 사는 뿌리로
비바람 고난 속에서도
맑고 고운 꿈 키우는
촉촉이 젖어드는
그것은
소중한 생명의 참뜻으로 살아라 한다

곽 | 향 | 련

잎사귀 어미

이름을 숨기고 일본에서 건너온 너
하루 칠십만 번 제 몸을 치는 파도를 넘어와
무일푼으로 내게 분양되었다.
네가 할 일은 너의 몸을 베껴 내는 일
나는 베껴내는 너의 몸을 염탐하는 일
아담의 갈비뼈로 여자를 만들듯
너의 겨드랑이에서 한 잎을 따
물이 담긴 유리그릇에 밀어넣었지.
햇살과 어둠이 네 몸을 덮치는 동안
질긴 몸속에서 실 같은 하얀 정자가 기어 나왔지.
눈을 몸통만큼 파랗게 뜨고 물속을 기며 몸을 베끼는 동안
너의 몸에서 연한 이파리가 송송 돋았지.
나는 열흘 동안 은밀하고 신비한 꿈을 꾸고
익어가는 가을달이 가슴을 활짝 열던 밤
너의 젖가슴에서 앙증맞고 곱살스런 밀어들이 조롱조롱 영글었지.

의령군 화정면 출생. 『문예사조』 시부문 신인상 당선. 공무원문예대전 시부문 우수상(행정안전부장관상) 수상. 의령문인협회 회원

타향으로 흘러와
너는 어느 사이 어미가 되어
새끼에게 젖을 물리고 있었지.

권 | 경 | 식

수선화 그 첫, 방울에는 무엇이 있었을까

풀과 돌과 나무가 어우러지는 시간의 블랙홀에서
교감과 응결로 딱딱한 껍질을 뚫고
하나의 파도처럼 곡선을 이루며
흐르는 그, 하나의 흐름
하나씩 살아가는 작은 분리
순수를 지향하는 허공에
마치 흩어진 별빛의 파편들이
흐르는 그 사이 사이에 맺힐 절정의 물방울이 있다
바람이 새어 들어오는 데가
힘으로 녹아들어 활활 타고 빛을 발하고 있다
풀잎 속에 들어앉은 데가 그의 자리였던 곳이다
불모의 사막과 막힌 헐벗은 콘크리트 바닥을
같은 곳을 돌진해 가는 그
바늘구멍이 번쩍일 적마다
바람의 방향이 자꾸 바뀔 때마다

경남 산청 출생. 『월간문학』, 월간 『문학세계』 등단, 격월간 『좋은문학』 신인상. 공무원 문예대전 최우수상, T.S엘리엇 기념 우수문학상 수상. 시집 『도시의 가면』, 수상작품집 『필라투스』. 경남문협, 경남시협, 김해문협, 한국문협, 한국육필문협 회원

삶의 샘과 꽃무지개 되는 곳에서
그는, 그를 스스로 낙오자라고 말한다
한 번도 본 적도 없는 그 첫을 위해
마지막 진리를 향해
시인의 감성음악으로
너의 눈을, 너의 목소리를, 너의 손을
보고 듣고 냄새 맡고 맛보며
빛과 그림자, 그 조화의 순간마다
들락날락 숨 쉬며
뼈와 살을 한데 섞어 덜거덕거리며
엉킨 태초의 곡조를 씨줄 날줄로 짠다
갓 태어날 풀잎처럼 싱싱하게
탯줄로 엮어 맺힐 너를 위해
갈망하는 나의 눈은
모든 것을 투영하는 얼굴이다
오랫동안 기다려 온 바로 그 우주,
지난날 뒤로 물러서 되돌아오지 말아야 할 것들이다
지금 가슴속에 살아 숨 쉬는
주섬주섬 주워 넣었던 밤처럼
딴딴하게 기억될 생명, 그 마지막엔

어두워져가는 것들, 무너진 것들이
왜 내가 아닌 너로 되었을까
해가 뉘엿뉘엿 넘어갈 들판에 서서
또 새벽이면 비밀투성이로 쏟아오를
생명들을 본다, 쓸쓸하게도 붉게 익어가고 있을

김 | 경

참 외

다디단 알몸으로

누군가의 몸속이 되는 처녀處女

달무리 속살

세상 모든 유혹의 폐허다.

경남 삼천포 출생. 1998년 개천문학상, 1999년 《경남신문》 신춘문예. 2002년 『문학과경계』 문학상 수상. 시집 『붉은 악보』

김 | 근 | 숙

봄. 새 생명으로

그 어둡고 습한 땅속에도
한 줄기 따스한 봄볕이
스며들 틈은 있는 것일까.

모나고 거친 돌짝밭 속에도
봄을 알리는 달력이라도
한 장 걸려 있는 것일까.

메말라 펄펄 흙먼지 날리는
황무지에도
두런두런 사람들의 봄 이야기 들릴
어디 열린 귀라도 있는 것일까.

우리 사람들
아무도 기별해 주지 않았는데도

부산사범대학 졸업. 마산시문화상, 고려문학 본상, 경남문협우수작품집상, 국민훈장 동백장 수상. 저서 『밤과 사랑의 意味』 『그리고 그 겨울비』 『혼자이게 하소서』. 마산문협, 경남문협, 고려문학, 한국여성문학인협회, 한국문협 회원. 41년간 교직에 종사

어떻게들 알고
때가 되면 용케도
저렇게 알고 나올까.

아파트 옹벽 밑
보도블록 이어진 그 틈 사이로
비집고 비집어
피어난 제비꽃 몇 송이.

참 놀라운 일이다.
강하디 강한 생명의 경외로움이다.
아무 대가도 치르지 않은
그저 얻은 은혜로움이다.
살아 있기에 볼 수 있는 감격이다.

아무래도 너무 이른 것 같은데
아직도 이른 봄 한기는
살갗을 일어서게 하고
함부로 내딛는 사람들의 발걸음
거칠기만 한데

여린 저들 아무 일 없으려나.

우리
내년에도 이래 만날 수 있을까
그럴 수 있을까.

쪼그리고 앉아
무언의 이야기로 내려다보면
저들도 낯선 듯 알아듣는 듯
몸을 흔든다.

발이 저려온다, 일어서야지.
갈 길 가야지, 할 일 해야지.

고개를 드니
낮아지는 봄하늘

잠든 생명들을 깨우는
소리 없는 부름으로 제 할 일 하고 있다.

김 | 동 | 현

은응나무* 그늘에 앉아

너는,
남지나南支那가 고향인 갈잎 큰키나무
오월, 연초록 꽃이 바람에 날고
구월 한때 절제하여 사랑을 하는 너는,
남녀가 유별한 정갈한 사람이고나

은응나무 그 화안하고 노오란
벤치 그늘에 앉으면
공, 공,
천 년 묵은 해수咳嗽 소리에 네 온몸이 울고
곰삭은 온갖 사연이
노랗게 노오랗게 엽서엽서 고이 내리는데

은응나무 아래에선 사랑하는
아사달과 아사녀가 만나

부산대 국어국문학과 · 동 대학원 졸업, 현 박사과정. 1998년 『자유문학』 시부 신인상 수상 등단. 경남문협우수작품집상, 양산예총 공로상 수상. 시집 『이쑤시개꽃』. 한국문협 양산지부 사무국장, 양산대학 · 양산교육청 강사 역임. 한국문협 양산지부장, 경남문협 이사, 경남시인협회 · 한국문협 회원

가슴 에이는 사연으로 헤어지기도
어여쁘고 작은 것이 태어나
새하얀 백발로 하늘하늘 손 흔들며
꽃상여 타고 떠나가기도 하였으리니
하마하마,
애닯은 고름 같은 얘기를
서리서리 묵혀두었다간
썩어 문드러진 외피로
고약한 냄새 풍겨대는 너는,
영사靈蛇를 깃들이어 키우기도 하는
독한 한 마리 영생하는 짐승이고나

*은응나무 : 은행나무의 다른 이름.

김 | 명 | 희

엄지브로콜리

엄지 옆에 엄지 뒤에 엄지 앞에
엄지가 모여 한 덩이 브로콜리가 되었다면 믿겠어요

맛을 보세요

정오에 야외무대로 나오시면
아이스 바처럼 몸이 녹아들 거예요
전시실을 빠져나온 젓가락들이 방황하며
하품으로 끓어오를 때
브로콜리 한 덩이 새파랗게 실신시켜 놓을게요

엄지와 마요네즈
엄지와 초고추장
엄지와 머스터드
마늘, 간장, 칠리 오소소 돋은 소름 알갱이들

『경남문학』 신인상. 경남문학 편집위원. 창원대 출강

사그랑 사그랑 씹으며 채소밭으로 가요
당신이 나무 아래 잠깐 쉴 때도
나는 씨 뿌릴게요
퇴비를 져다 붓는 건 당신 몫이니까요

브로콜리 두부탕, 수프, 샐러드

당신이 그 화가와 이야기 나누는 동안에도
나는 브로콜리 새싹을 옮겨 심을게요
당신 몸이 최고로 필요로 하는 것이 브로콜리니까요

김 | 무 | 영

삶

풍랑만 이는
망망대해를 거슬러
알을 묻고 바다로 간다

산고에 쓰러진 것은 산것들의 먹이가 되고
모래구덩에 간신히 깨어난 알도 먹이가 되고
겨우 남은 족속들이 파도를 헤엄치다가

목적자들을 피해
바위틈에 움츠려 버리고 토한
것 삼키며 연명한 숨

그래도 돌아오겠지
토한 가슴만 한 물방울이
또 한바다가 되어도

거제문협 회장, 한국시협 회원, 시집『그림자 戀書』

김 | 미 | 숙

달팽이

새벽이슬 사이로
달팽이 간다

아직은 이른
쑥부쟁이 기억 너머로

하얗게
고향길 간다

1998 『시와 시학』 봄호 등단. 경남대학교 대학원 졸업(교육학 박사). 시집 『피는 꽃 지는 잎이 서로 보지 못하고』 『눈물 녹슬다』. 경남대 겸임교수, 비둘기동산 유치원 원장

金 | 美 | 廷

생명의 원무

아서라. 하늘의 큰 눈 아래선
너도 한 마리 개미
밟지 말아라
산목숨에 대롱을 꽂지 말아라

피에 굶주린 늑대처럼
그대 몸밖의 피로
그대 몸을 데우지 말아라
데워서는 늑대가 되어 늑대가 되어
그대가 쓰러뜨린 목숨을 찢지 말아라
어진 목숨을 찢지 말아라

어우러져 세상에 있고
어우러져 다른 목숨을 상생하는 근원
인간인 너도 저 개미도

순수문학 본상(수필), 한국신문학인상(시), 황진이문학상 본상(시) 수상. 월간 『신문예』 편집장. 수필집 『안개바람』, 시집 『그대 앞에 풀잎처럼』. 한국수필가협회 공영이사, 한국신문학인협회 · 한국수필작가회 이사, 한국현대시인협회, 국제펜클럽 한국본부 회원

산짐승도 마찬가지
들길의 풀 한 포기도 한 뿌리

너도 떠나고 나도 떠나는
목숨의 윤회
절로 거름이 되는 길
죽어가기에 더 아프고 귀한 생명들
일월의 면류관 아래
풀꽃의 한 생조차도
눈에 밟히거늘
털고 털어서
욕심으로 지은 생명의 죄, 응보의 억겁 사슬
두려워하라

제 목숨으로
제자리에서
제 삶을 살라는 우주의 큰 뜻
향기로운 숨결
장엄한 오케스트라에서
너무도 귀가 먼

그대를 복원하라
배반의 그대를 스스로 응징하라
존엄한 뭇 생명들

하나로 원무를 그리는 이 지구선상
더불어 아우르는 귀한 목숨의 길을 알라.

김 | 서 | 안

모성은 외롭다

무너지고 허물어져
이름 없이 살아도
이 한 사랑 슬프고도 높아라

용지호수 난간 아래 돌담을 끼고
응석처럼 떠도는 생명들
큰 팔뚝만 한 가물치 한 마리가
알에서 막 세상 밖으로
태어난 기쁨을 참을 수 없다는 듯
고물거리는 한 무리 배냇아기를 보호하고 있다

여느 때는 두런두런 인기척에
총알같이 도망치던 생의 집착이
손에 잡힐 듯 내려다보이는 사람들 앞에서
저토록 뜨거운 사랑을 내뿜고 있다니

『문예한국』 신인상. 경남문협, 창원문협 회원. 시집 『개옻나무의 변』

우리가 끝내 용서할 수 없는
죄 앞에서도
저 어미의 슬픔을 달래어 줄 수 없거니

이 아침
하늘을 헤엄치던 구름들 고운 손을 흔들고 있다

김 | 연 | 희

제가 졌습니다

장마철에 제비가 집을 짓겠다고 하였습니다.
보건진료소 주민용 찜질방 현관문 위에 진흙을 물어 나르기에
제비님, 여긴 개인 집이 아니니 제발 다른 곳에 가십시오. 부탁입니다.
부디 여기보다 더 좋은 곳에 트십시오. 미안합니다.
아랑곳없이 새벽을 가르며 들락날락 박찬 그 빠른 몸놀림.
기초공사 쌓이면 눈 질끈 감고 비질하며 허물기를
하루, 이틀, 사흘, 나흘.
거듭 미안합니다. 사정사정 중얼중얼.
달래어도 얼려 보아도 소용없는
빗속에서도 꼭 짓고야 말겠다는 저 곧은 본능과 섭리.
마음 가는 곳에서
안락한 둥지 지어 알 낳아 새끼 치겠다는데 어찌 막으리오.
마침내 바닥엔 신문지를 깔고 받침대를 세웠습니다.
하느님, 제가 졌습니다.

2001년 『문학세계』 시 신인상, 2004년 『경남문학』 수필 신인상. 마산시예술공로상 수상. 시집 『진료소의 나날』 『꽃메아리』. 한국문협, 경남문협, 가톨릭문협, 마산문협, 붓꽃문학회 회원. 창원 대산면 아름다운요양원장

김 | 일 | 태

초발심

개미 한 마리
유월의 볕에 소신공양한
잎벌레를 물고
뒷걸음질로 옮겨 가고 있다

거저 얻은 것에 대한
정중함이
눈부시다

『시와시학』 신인상. 창원시문화상 수상 외. 창원문협회장 지냄. 시집 『그리운 수개리』『호박을 키우며』『어머니의 땅』『바코드속 종이달』. 창원예총 회장, 마산MBC전략기획실장

김 | 혜 | 숙

젖고 마는 미소

나이 듦의
미덕인지 청승인지-
연민의 밭이 넓어간다

우두커니 바라봄의
어둠이 밝음이 데리고 오는
동물이 식물이 비집고 드는
만남이 이별이 두드리고 가는
새끼의 새끼를 애잔히 바라보는 중에는
묘하게, 젖고 마는 미소이고 보면
잠시 잠깐 사는 것 같은 생애가
길고 길게 사는 것 같은 생애가
근심이듯 아려온다

통영 출생. 1988년 『현대문학』 등단. 수향수필문학회 회장 · 경남문협 부회장 · 경남가톨릭문협 회장 역임. 시집 『너는 가을이 되어』 『내 아직 못 만난 풍경』.

허공에 펴는 나무의 낙화며 열매의 지순에
극진히 경배 드려지는데
가슴 쪽 묻혀 있던 굴절들이
울컥울컥 통증이 되는구나
연민의 밭 넓어가는구나

내게 와 손잡는 어여쁜 사랑의

남 | 기 | 태

꽃 눈

밤이슬 차가워도
가지마다 꽃눈 자리하였구나
잎 꽃 열매로 작은 세상 일구어
근심도 걱정도 없는 나라
너도 나도 좌도 우도 없어라

마당에 뛰노는 어린 소녀
작은 공주 눈망울엔 온 세상이 담겼구나
희망과 기쁨만 있어라
아픔 없고 미움 없는 세상
배고픈 이도 죄지은 이도 없어라
아린 추억은 잊을 길 없어라
되돌릴 수 없고
다시 시작할 길 없어
배倍가 된 아픔은 대지를 밀어 올리고
절망 또한 환희의 이름으로 태어나리니

경남 창녕 출생. 경상대학교 농학과, 동아대학교 교육대학원 국어교육과 졸업. 1977년 『시와 의식』 신인상. 시집 『고향』 『은빛의 아침』

따순 삼월의 햇살이
게으른 나의 봄을 일깨워
나들이를 재촉하다
나 다시는 어린 시절로 돌아갈 수 없음으로
하여 어린 손주 눈망울에서
소망을 엮어내다

솜털구름 하늘 아래
이제 막 초록 향연 펼친 들녘엔
꽃망울 부풀어 오르다

도 | 리 | 천

나무

말에 씨가 있으므로 고운 말을 하면 고운 싹이 돋아나고 미운 말을 하면 미운 싹이 돋아난다. 염불에도 씨가 있어 고운 염불 소리가 산으로 날아가 흙과 낙엽에 덮여 나무가 될 싹으로 돋아난다. 절은 산에 있고 산에는 나무가 있다. 산마다 아름다운 절이 있고 절에서는 염불 소리가 끊임없이 들려온다. 나무아미타불 나무관세음보살 나무석가모니불. 산에 있는 저 수많은 나무들은 염불 소리의 씨로 태어난 나무석가모니 부처님이며 나무관세음보살님이시니 이 강산은 영원무궁토록 나무 나무 나무아미타불의 염불 소리에 휩싸여 밀림의 청산이 되리라.

중앙일보 · 불교신문 신춘문예 시조 당선, 『시조문학』 천료, 『아동문예』 동시 신인상 당선. 새싹문학상, 경남아동문학상 등 수상. 자선문학집 『코스모스 꽃씨를 받으며』, 시집 『고향 가는 길에서』 『천리향 만리향』 『쌍지매』 외 다수. 거제 장승포 약수암 주지

류 | 경 | 일

자 살

생각을 바꾸듯 두 글자를 바꿔 앉히면 보인다
그래 "살자"

– 1999년 작

경남 산청 출생. 경남대 국어국문학과 졸업. 1991년 『우리문학』 추천, 2004년 《매일신문》 신춘문예 동시 당선. 경남문협우수작품집상 수상. 시집 『빗방울 듣고 나는 말한다』 『흙비』 등, 동시화집 『바퀴 달린 집』(한국문화예술위원회 우수작품). 마산문협, 경남문협, 경남아동문학회, 한국동시문학회, 국제펜클럽 회원

문 | 봉 | 규

어느 여인의 삶

그 겨울 목장갑도 없이 아비 따라 고향 떠났지

오봉산
연화봉
흐르는 개울도 검게 흘렀다

노루목 산머루가 여물기도 전에
막사발에 담긴 싸리둥지 하나
자궁에 핏줄 안고
쟁기 같은 님을 따라
한양 가던 날
봄 까치가 울었다

흑 고무신에 벽돌 같은 삶
그 세월이 얼마인가

월간 『문학저널』 등단. 경남시인협회 김해문협 회원

오늘
큰 두꺼비 둥지 트는 날
청실홍실
그대 주름진 얼굴에
가득한 행복

민 | 병 | 기

세기의 햇살

무학재 너머 미명의 어둠 헤치고
치솟는 불덩이 쏟아지는 동녘살 폭포
일제히 탄성을 외치는 태양의 신명

남해안 스쳐온 햇귀 푸른 서슬로
분단의 사슬이 끊기는 세기의 희소식
더덩실 용춤을 추는 천주산 푸른 줄기

영남 평야 굽이 돌아서 모이는 물길
낙동강 사빈에 나울치는 굽 높은 파도
물이랑 서로 손잡는 감격의 절정을 보아라.

고려대 국문과, 동 대학원 석사 · 박사. 시집 『물방울의 꿈』, 공저 『문학이란 무엇인가』 등. 고려대 강사, 현재 창원대 교수.

박 | 서 | 영

생애전환기

의료보험 공단에서
생애전환기의 건강검진통보를 보내왔다
환승역에 닿아서 겨우 종이 한 장 받은 기분이다
겨우 몇 걸음 걸었을 뿐인데
어디로 갈아타야 할지 모르는데
발부터 머리 꼭대기까지 잔뜩 긴장해서
통보서를 오래 들여다보았다
무서운 병명들이 빼곡히 적혀 있다
위꽃, 유방꽃, 자궁경부꽃, 당뇨꽃, 빈혈꽃, 폐결핵꽃, 정신질환꽃,
끝에 꽃을 붙이니
더 무서운 생각이 들어 정신이 번쩍 든다
꽃의 짧은 생애
붉고 아름다운 꽃의 투구와 방패를 뒤집어쓰고
생애전환기를 건너야 한다

경남 고성 출생. 1995년 『현대시학』으로 등단. 시집 『붉은 태양이 거미를 문다』

건너는 것도 오르는 것도 갈아타는 것도
어쨌든 한 생애를 굴러다니는 일
무 자르듯 딱 생애전환기라니!
어떤 절벽에서 어떤 절벽으로 뛰어내리라는 건지
허공에서 바닥인지, 바닥에서 허공인지
그 경계를 지우느라
마음이 당신에게 달려가는 줄도 모르고,
1분 1초가 내겐 생애전환기라는 것을
저 꽃이 다 아는데
저 새가 다 아는데
저 바람이 다 아는데
병病의 기원이 적힌 흰 종이 속의 꽃밭
꽃과 고통의 얼굴이 서로를 통과하고 있다

박 | 종 | 득

낙동강

뒤집어 돌아눕는 물살이
목리문 옹이처럼 모여 번진다
칠백 리 굽이굽이 숱한 이야기
하얀 모래 되어 강가에 잠들고
말 못할 속내는 잔주름으로 여울진다

쉬어 가도 좋으련만
쫓겨 가는 물살
어줍은 삶을 닮아 못내 아린다

푸른 산 그림자 강심을 낚을 때
고요 깨는 강오리의 탁한 울음
강물에 젖는다

창원 출생. 경찰문예대전 입상, 2004년 『한국문인』 등단. 동기 이경순 탄신 100주년 전국 시공모전 장원. 시집 『머물지 않음은 떠남이리라』 『못다 부른 노래』. 한국문협, 경남문협, 창원문협, 가락문학회 회원. 진해경찰서 근무

흙 옷 걸친 가지에 파닥이는 비닐
줄지은 만장인 양 펄럭거리고
하루가 죽어 타는 노을 아래
타다만 몸뚱이로
울어 꿈틀거리는 낙동강

배 | 소 | 희

행 복

24번 국도에서
종종걸음 치는 아홉 마리 꿩 새끼들이 길을 건넌다
세상 잘 건넜다.

부산 출생. 창원대 졸업, 경남대 대학원 국어국문학 박사과정. 2000년 『현대수필』 천료, 2007년 『경남문학』 신인상. 민들레문학회장, 마산문협 사무국장 역임. 경남지역문학회 이사, 경남여류문학회 사무국장, 『문예사랑』 편집장. 배소희 언어논술학원장, 경남대 출강, MBC문화센터 논술전임강사

배 | 종 | 애

오 월

오월은 푸른 숲 속에서
병든 소나무 한 그루를 지켜보고 있었다

폐결핵을 앓는 듯한 소나무
이미 계곡 물소리들도
거부하고 있었다

오월은 하늘이불에다
쪽동백꽃으로 수를 놓고
산새들로 오페라를 연주하기 시작했다

그러나 그 소나무 조용히
눈을 감는다

경남 마산 출생. 창원대학교 평생교육원, 경남문학관 문예대학 수료. 『한국문인』『경남문학』 신인상, 새한국문학상 수상. 한국문협, 경남문협, 경남문심회 회원. 새한국문학회 경남지회장

오월은
목이 타들어 가고 있다

화려한 오월에도
숨겨져 죽는 꽃이 있다

배 | 한 | 봉

어떤 등불이

쇠물닭 가족 헤엄치고 있다.
짙푸른 자라풀 위에
햇발 불러 앉힌 한 폭 평화.
갈숲 지나던 내 인기척에 놀랐는지
목을 뽑아 두리번거린다.
적의는 없었으나, 나 함부로 기웃거린 것이
그들에겐 도발로 보였다는 거.
이러지도 저러지도 못하고 꼼짝없이 서 있는데,
붉은 신호등 줄지어 나를 본다.
저 신호등은 쇠물닭의 붉은 이마.
여름 늪을 푸른 신호등이라 여기고
함부로 들어선 나를
서늘하게 일깨우는 자연의 말씀이다.
말하자면, 예의가 필요하다는 것.
상대가

경남 함안 출생. 1998년 『현대시』 신인상. 농림부주관 '아름다운 농촌詩' 상 등 수상. 시집 『흑조黑鳥』, 『우포늪 왁새』 『악기점』 『잠을 두드리는 물의 노래』. 계간 『시인시각』 주간, 격월간 『시를 사랑하는 사람들』 편집위원, 한국시인협회 상임위원. 우포늪 홍보대사, 2001년부터 매해 '우포늪시생명제' 주재.

미물이든, 천지 사방이든
혹은 우주든.
우리는 때때로
조심스러워야 하리.

서 | 인 | 숙

꽃이 열매를 맺을 때

온통 색색의 하늘 땅
꽃과 사람 미소와 기쁨으로 가득한 곳
이 꽃들을 보지 않고 봄을 안다고
말할 수 없지
나무그늘은 꽃잎 떨어지길 기다린다
꽃잎 흙으로 변할 때
봄은 이미 저만치 가버렸지
꽃잎 떠난 곳에 열매로 익어가는 새로움이
있기에 우리는 이별을 견디는지 몰라
그렇게 사람들은 기뻐하고 슬퍼하면서
가는 곳이 어디인지 알고 있지
꽃으로 뒤덮인 화사한 그곳에 어느덧
적막이 깃들어
사람들은 속 깊은 기쁨 뒤에 오는
한 가닥 시간이 가는 소리를 듣는다

『현대문학』 시, 수필 등단(평론가 조연현 추천). 한국수필문학상, 경상남도문화상, 경남문학상, 마산시문화상 수상. 시집 『오렌지 햇빛』 외 4권, 수필집 『고대의 향수』 외 4권. 국제펜클럽 한국본부 위원, 한국시인협회, 한국수필가협회 회원

성 | 기 | 종

생 명

다리 밑에서
어미가 새끼를 껴안고
얻어온 보리밥이
꿀맛 같았다
끈질기게 살고 싶었다.

세월이 흘러
없는 것이 없는
넉넉한 세상을 맞아
허기의 한을 풀고
욕망의 허기도 풀렸다

배불리 먹고
행복할 줄 알았는데
이게 웬 말인가

서울대학교 사회교육과 졸업. 『한울문학』 시 등단. 저서 『성기종의 시와 산문』, 시집 『나의 낙동강』 『산책길』. 경상남도에서 32년간 공무원 생활

산업사회가 비인간화되어
사람이 망치가 되고
목숨이 초개 같아서
다리 밑을 꿈을 꾸네.

성 | 선 | 경

즐거운 달걀

닭장 속에서 갓 낳은 알들이
닭의 알인 달걀 속에서
아직 채 닭이 되지 못한 닭들이
걀걀거리며 돌아다니고 있다
아직 채 닭이 되지 못했으나
이제 곧 닭이 될 거라고
걱정 말라고 걀걀거리며
돌아다니고 있다
그믐이 그믐인 것은
잠시 어른 몰래 담배나 한 대 하자고
뒷간으로 슬쩍 몸을 피한 것뿐
달이 없어졌다는 것은 아니라고
아직 채 닭이 되지 못한 달걀 속에서
벌써 닭이 다된 것처럼 걀걀걀
알들이 돌아다니고 있다
채 시가 되지 못한 즐거운 생각들
걀걀걀 돌아다니고 있다.

경남 창녕 출생. 1988년 《한국일보》 신춘문예 당선. 시집 『널뛰는 직녀에게』 『옛사랑을 읽다』 『서른 살의 박봉씨』 『몽유도원을 사다』 『모란으로 가는 길』, 시선집 『돌아갈 수 없는 숲』. 〈文 · 靑〉 동인, 『서정과 현실』 편집주간. 『경남문학』 편집위원. 마산무학여자고등학교 교사

손 | 국 | 복

나무, 꽃, 풀 같은 것들은

나무, 꽃, 풀 같은 것들은 말하지 않고도 살아 내는 법을 언제 배웠을까 남몰래 자라나 어느 날 우뚝 정장을 하고서 사랑하는 이 앞에 기쁨으로 나타날 줄 어떻게 알았을까 산비알 눈밭에 몸을 묻고서 몇 밤의 죽음을 생각하다가 저절로 빛나는 봄날을 꿈꾸었던가 연둣빛, 때로는 화려한 이따금 요염한 몸짓으로 숨가쁘게 하는가 꺾이고 잘리고 뿌리째 뽑혀 응접실 탁자 위로 던져질지라도 깨끗이 이별하고 끝내 용서하는 사랑법을 익혔을까 때가 되면 흔적 없이 우리 곁을 떠나 투명하고 그리운 우상이 되어 갈증 난 목젖을 적셔 주는가 나무, 꽃, 풀 같은 것들은.

『문학공간』 등단. 합천예술인상 수상. 시집 『그리운 우상』. 한국문협 합천지부장. 초계고등학교 교감.

신계식

연민일기

철문 밖 시멘트 바닥
갈라진 틈새 비집고 놀랍다, 피운 제비꽃
어느 발길에 무너진 목숨

비질에 뛰어들다 다리 잃은 귀뚜라미
돌담 서리 앉혀두고
밤 벌레 울음에 마음 저린 며칠을

창틀에 올라앉아
미동 없는 청개구리
아차, 떨어질라 여닫지 못하고 지킨 한나절

남루의 절정은 버려진 그날부터
절룩이며 피하는 한 마리 걸레
절망으로 마주친 물기 젖은 눈망울

경남 거창 출생. 동국대학교 국문과 졸업. 계간『한글문학』시 추천. 경남문협, 한국문협 회원

바퀴가 찢고 짓이긴 길바닥 들짐승
자취마저 지우려나
다시 줄달음 귀 찢는 파찰음

강기슭 물 웅덩이 허연 떼주검
잔인 그 끝장에 눈먼 세간世間
연민의 영토
이제 한 뼘만 더…….

안 | 길 | 수

오늘을 살아 있음이

여보게,
이승이 빗장 없는 한순간이고
서글픔 가로누운 모래무덤이라도
땀내 벗해 부지런하면
꿈은 꾸일 수 있으니
오늘을 살아 있음이
어버이가 주신 즐거움 아닌가,
그러니 빚더미가 춤을 추어도
고마워하고 아끼게나.

여보게,
이승이 우수리, 덤 에누리 없는
한숨 토할 허공고개라도
가슴 넉넉함 잃지 않으면
사랑 향기 자랄 수 있으니

시집 10권, 시조집 8권 발간. 한국문협, 한국문학세상, 경남문협, 남도시문학회 회원

오늘을 살아 있음이
쪽빛처럼 아름답지 않는가,
그러니 싹쓸바람이 쥐어짜도
잘못한 부끄럼 느끼며 살게나.

오 | 삼 | 록

천둥

새싹을 봤다

잡초도
먼저 피겠다고

바위틈
아스팔트 길 어깨에서,
어쩌다 다툰,
새싹을 봤다

목숨 걸고
피워 낸
생의 몸짓이
갸륵하다

경남 밀양 출생. 『신동아』 『문예운동』 『작가』 등 작품 발표. 『문학공간』 신인상, 환경부 주최 낙동강사랑공모 당선. 시집 『독가촌』 외 9권. 경남작가회의, 창원문협, 경남문협, 밀양문협 회원. 〈포에지 창원〉 동인

오 | 하 | 룡

흙

누구의 소유이고 싶지 않은 흙
다만 일구어 가꾸는 이의
소박한 심중이나 헤아리며 지내다
이 농사꾼의 한 줌 흙이나 받아 쥐고
허 허 웃고 싶을 뿐인

1975년 시집 『母鄕』으로 등단. 마산시문화상, 경상남도문화상, 한국농민문학상 본상 등 수상. 시집 『잡초의 생각으로도』 『別鄕』 『마산에 살며』 『창원별곡』 『내 얼굴』 등. 한국문협 · 한국현대시인협회 · 한국펜클럽 회원, 경남문협 이사, 경남작가회의 고문

우 | 원 | 곤

칼 새*

거의 모든 시간을 공중에 있는

나는 칼새를 품고 산다. 칼새!
– 비행 중에도 자고 교미하며 산다는 새
한 생애 지구 둘레를 100번이나 돌고
450만 킬로를 비행한다는 –

늘 어머니는 그것을 눈치 채고
"얘야. 아주 급할 때만 써라"
"네" 바닥을 "팍" 하고 칠 때만 말이죠"

삶이 곡예 비행할 때마다 꿈꾸던
활강?
할복?

2004년부터 시향 동인 활동. 경상남도문인협회 사무차장. 경상남도교육위원회 사무관 재직

칠발도*, 나무섬*, 사수도* 절벽의 경계
순간과 영원을 넘나드는
모천에 발 내리고
탁발을 나서는 나는
변신 모드 작동 중;

*칼새 : 칼새목(-目Apodiformes) 칼새과(-科Apodidae)에 속하는 작은 여름새. 몸길이는 18㎝ 정도이며, 깃은 어느 정도의 거리에서 볼 수 있는 뚜렷한 흰색의 위꼬리 덮깃과 담색의 멱을 제외하고는 균일한 흑갈색임.
*칠발도 : 전라남도 서해상 비금도 서쪽에 있는 천연기념물 제332호 해조류 번식지임.
*나무섬 : 부산 다대에 있는 섬.
*사수도 : 제주특별자치도 제주시 추자면에 있는 천연기념물 제333호 해조류 번식지임.

윤 | 종 | 덕

모기와 함께 춤을

간힘은 구속당하는 것이라 앵앵거리는 모기장 찢으며 진정 자유를 찾았노라고 말하는 순간 때를 놓치지 않고 비행하는 한 마리 찰나의 공격에 속수무책 잡을 수 없어 향을 피우는 사람들 미약한 독기라도 오래 맡으면 신경이 곤두서듯 날랜 비상에 멍청이가 되어버린 사람들 한 발 늦었음을 깨닫는 상황에서도 귀한 것이 목숨이라며 때려잡던 채 어디 두었는지 기억이 없고 퉁퉁 부어 만신창이가 되어 여기저기서 통증을 토해낼 때 고소해하는 무리들 오늘도 사랑이라는 이름으로 입을 맞추며 피를 섞는다.

경남 함안 대산 출생. 창원문협 사무국장 및 경남문협 사무차장 역임. 저서 『달빛 가득한 행복』, 『청아청아 연꽃청아』, 『바보연습』, 『풀잎눈망울』, 『행복자판기』 등, 편저 『독서와 논술』, 『茶事典』 등. 부산경남 · 영호남 젊은시인회의 활동, 시예술 및 민들레문학회 동인, 한국문협 회원. 경남문학사연구원장.

이 | 경 | 희

작은 등불

아이들아 힘이 들지
내가 아파하는 것을 들을 수 있어.
눈빛만 보아도
발걸음만 보아도
어눌한 말투에서도
꽃이 피어나는 심장의 박동을 느끼지
아픔은 말할 수 없는 고통이지
침묵이 아름답다 말하지만 그것은 편견이지, 너희들에겐 맞지
불행과 고통을 행복으로 살아가는 작은 천사
부족하되 언제나 넘치는
질곡의 삶은 이 세상 작은 등불이야.

맑고 고운 아이들아
꽃밭에는 작은 꽃들이 서로 기대며 피어나지, 맞지
아이들아 힘을 내.

경북 구미 출생. 『한국문인』 등단. 시집 『우리사랑 들꽃처럼』, 수필집 『아버지의 날개』(공저). 진해중학교 교사

작은 교실 창가에 들어오는 햇살처럼
오늘 아침 반갑게 달려오는 너는 천사란다.
목마른 생명의 끈을 붙잡고
아파도 씨익, 웃음으로 다가오는
사랑하는 아이들아.
가식과 편견이 없이 자라는 너는 생명꽃이야.
들꽃처럼 늘 향기를 내지 않니,
작은 손길로 다가가기만 해도 보석처럼
너의 눈빛은 작은 등불이 되어
내 영혼을 파고들어.

이 | 광 | 석

주남저수지에는 새들의 활주로가 있다

주남저수지에는 철새들이 연착륙할 수 있는 활주로가 있다. 활주로 없이도 수직으로 나는 놈도 있다. 청둥오리 · 고니 · 기러기들이 활주로를 박차고 오를 때마다 물안개들이 몸을 낮춘다.

새벽이면 자유형으로 단련된 식성 좋은 떡붕어들이 어젯밤에 삼킨 달을 토하고, 저수지 아랫목에 노숙해 있던 수초들이 이빨을 닦는다. 학원버스에 실려온 아이들은 관제탑 같은 탐조 전망대에 올라 망원경 하나씩 붙잡고 새들과 수화를 한다.

물이 물의 뼈와 물의 살로 빚은 물의 다세대주택, 천 년을 동거해도 소유권 시비가 없는 아름다운 생명들의 따뜻한 한 이부자락 주남저수지.

평생 날개 하나 달지 못하고 생애의 이륙 한번 꿈꾸지 못한 갈대들이 오늘은 너의 활주로에 지친 첫발을 내리는 새들의 하강을 유도한다.

*주남저수지 : 창원시 동읍 소재, 국내 최대 철새도래지.

1959년 『현대문학』 등단(청마 유치환 추천). 마산시문화상, 경상남도문화상, 한국현대시인협회 본상, 경남문학상 외 다수 수상. 마산문인협회장, 초대 경남문인협회장 역임. 시집, 산문집, 칼럼집 등 10권 출간. 경남언론문화연구소 대표

이 | 덕

생 명

대지
어머니
밭
하늘
아버지
씨
흩뿌려
거둔
알곡들
푸른 미래
함부로
하지 말라
위정자들아

개천예술인상, 진주시문화상, 국민훈장(목련장) 수훈. 진주문인협회 · 진주문학회 자문위원, 한국문인협회 · 경남문인협회 회원. 개천예술제 문학부 심사위원 · 제전위원, 진주박물관회 부회장

이 | 명 | 호

둥지 · 1

대문 옆에 있는 화장실 선반 위에
이름 모를 새 한 마리 둥지를 틀었다
몇날 며칠 환기창을 들락거리며
온갖 재료들을 물어 나르더니
드디어 튼튼한 집을 지었다
손으로 만져보니 안쪽은 부드러운 솜처럼
폭삭하고 편안하다
하룻밤쯤 빌려 누워 자고 싶다
아내에게 지저분한데 없애버릴까 했더니
집 없는 서러움은 사람이나 짐승이나 마찬가지지요
저것이 오죽 했으면 이곳에다 둥지를 틀었을까 한다
알 까고 새끼 길러 날아갈 때까지 참자고 한다
아! 참 우리 새끼들도 길러 아직 날려 보내지 못했지
제 갈 길로 날아갈 때까지 여간 힘드는 게 아니지
사람이나 짐승이나 새끼 기르고 사는 건 마찬가지지.

1992년 『문학세계』 등단. 함안예총 사무국장 · 부회장, 함안문인협회장 역임. 시집 『나뭇골 우화』 『말이산』 『잃어버린 세월』. 남도시문학회 이사, 국제펜클럽 한국본부 · 한국문협 · 경남문협 · 가락문학회 회원

이 | 미 | 순

생명의 힘

열 달의 산고 끝에
떨어지는 눈물로 어둠을 적셨다
암소는 저항하지 않았다

음메 음메
저항하고 싶어서
황소를 찾고 있었다

여리디 여린 실핏줄로
자궁 밖으로 밀어올리는
비밀스러운 생명의 힘을 본다

뾰족이 다리를 내밀 때
생명의 신비로움에 반해
암소는 꼬리로 철썩철썩
크나큰 소 엉덩이를 칠 뿐이다

부산 구포 출생. 월간 『시사문단』 등단. 풀잎문학상 대상(2007), 매월당 김시습 문학상 시부문 금상(2009) 수상. 시집 『꿈을 파는 여자』(2007). 한국시사문단작가협회, 의령문협, 의령예술촌, 경남문협, 한국문협 회원. 〈빈여백〉 동인

이 | 병 | 관

짐승들아 미안하다

본디 분별없는 잡식성

그동안 애먼 생명 마구 먹어치웠으면서도
언제 한번 미안해 한 적 없이
너무 오래
너무 구차하게
잘난 체 으스대었다

어디 그뿐인가

인면수심이 창궐하는 사바세상이라며
딴말 붙여 조롱했다

언제 수심이 작당하여
총 만든 것 보았는가
핵 만든 것 보았는가

김해문협 회장, 김해시 칠암도서관장 역임

이 | 상 | 규

땅내 맏다

봄비 개고 날 들자 어머니, 딸네집에 가는 양 밭에 가자 조른다 검버섯 거무죽죽한 땅거죽을 자벌레 몸짓으로 야금야금 핥던 봄볕도 나른한 사지를 벋는다 오만 가지 생각들이 밭은 땅에 스멀스멀 배어든다 잡초들도 발가락 꼼지락거리며 물을 찾아 기지개 켠다 땅강아지도 애꿎은 잠 깨어 꼬물거린다 구불구불 밭이랑을 무릎걸음으로 기는 어머니, 무슨 조화인가 흰 머리칼 서너 오라기 물이 올라 새뜻하다 갈퀴 같은 손아귀에 힘이 솟는지 땅속 깊이 뿌리박아 앙버티는 개망초 포기 잡고 발싸심하며 용을 쓴다 땅내 맡은 여든일곱 어머니, 곰삭은 육신에도 어른어른 봄하늘 제 빛깔이 잠시 머문다.

경남 함안 출생. 『문학세계』 등단. 가락문학상, 경남문협우수작품집상 수상. 함안문협 회장, 경남문협 감사 역임. 시집 『응달동네』 『사랑 가꾸기』 외. 함안예총 회장, 함안문화예술회관 명예관장

이 | 상 | 옥

유리그릇에 관한 명상

얼마나 깨어지기 쉬운 그릇이냐
현미경으로 비추면 실금으로 가득할 그대여
매일 새 금이 죽죽 그어지고 있는 그대여
펄벅이 '슬픔을 안고 살아가는 방법' 을 운위할 때
사람들은 더러 '성숙' 이라는 고상한
테제These를 투영하기도 하더라만
뭐라고 하든 아직 지탱하고 있는 것이 고마워라
슬픈 몸으로 오늘 하루를 건너고 있는 것이 고마워라
언젠가 깨어져 쏟아질
그 몸으로
생각하고
시를 쓰고
아이의 아비고
노모의 아들이다.
아직, 흩어질 수 없어 단단히 쥐는 불안한 몸이여

경남 고성 출생. 1989년 『시문학』 등단. 시문학상, 유심작품상 수상. 시집 『유리그릇』 외 다수. 반년간 『디카詩』 주간. 창신대학 문예창작과 교수

이 | 월 | 춘

몸살

대문 옆에 오년생 대추나무 심었네
거름 사다가 듬뿍 주고 영양제도 꽂았는데
붉은 배경의 이 가을에
되가웃의 대추를 땄네
이것들이 오자마자 해거리를 하나
뒤틀린 심사 다독이는데
뒷집 논실아저씨 하시는 말씀
그것들이 이사를 와서 몸살을 했던 게지 하시네

경남 창원 출생. 1986년 무크 『지평』과 시집 『칠판지우개를 들고』로 등단. 경남문협 우수작품집상, 월하진해문학상 수상. 시집 『그늘의 힘』 외 다수. 진해문협 · 한국작가회의 회원, 경남시인협회 부회장, 경남문협 · 경남문학관 · 김달진문학관 이사. 진해중앙고 교사

이 | 일 | 림

갓, 생명

이마트 앞 유모차는 아빠의 입맞춤에
방긋 웃는 태양을 태우고 있다
갓 수유를 마친 앞산이
떠오르는 태양을 바라보고 있다

마트 뒷문에서 산 튼튼 영어를 먹은 아기가
분주한 간판들 속에 빠끔히 내다뵈는
언어논리 학원으로 휠체어를 데리고 들어간다

주방 개수대 숨구멍 틈으로 싹을 틔운 씨앗 하나
쏙 내민 연둣빛 얼굴
천 길 벼랑에 첫발을 내딛었다

경남 고성 출생. 창원대학교 대학원 국문학과 졸업. 2003년 『문학21』, 2008년 『시인시각』 등단

생명은 천천히 궤도를 나에게로 돌려
엄마가 된다
뿌듯하고 조심스러운,
오늘은 앞치마의
시위 전이 한 수 위다

시

이 | 점 | 선

화분 속의 지렁이

화단에서 초롱꽃과 함께 딸려왔다
모종삽을 뿌리 곁에 푹 넣고 흙을 끌어 올리는 순간
길고
미끈하고
불거죽죽한 것의 둥그런 등이 휘어졌다 사라졌다
잘못 날아온 별처럼
햇볕 속에서는 말라 죽는
너였구나
모든 식물을 거머쥐는 버거운 무게를
너는 바람 숭숭 통하게 풀어놓고
너의 집이고 무덤인 흙 속에서
너는 따로 살아가는 법은 배우지 않는다
산정수도원에 갇힌 어린 수도사처럼
바람의 말, 물의 길만 알아
스스로의 몸 안에 자신을 가두고

2004년 『시와 세계』 겨울호 등단. 진주교육대학교 국어교육대학원 재학. 진주문협, 경남문협, 경남시인협회 회원. 진주촉석초등학교 근무

혼자 밭을 가는구나 네 토양에서 자랄
어린 싹과 곁뿌리들 아무도 너의 울음소릴 듣지 못했으나
아침이면 동글동글 말아 올려진 흙 속에 너의 눈물이 들어 있다
어떤 눈물은 때론 어떤 목숨과도 같다는 걸
너는 온몸으로 증명하려 한다

이 | 주 | 언

누드

그녀는 거대한 성이다
누구도 쉽게 들어설 수 없는 성문 앞에는
물푸레나무 상수리나무 단풍나무
생목들의 욕망이
무거운 공기 속을 떠돌아다니고
견고하게 닫힌 생명의 문, 모호한
음모에 싸여 있었다
나무와 풀, 나무와 새, 사람과 사람
경계가 사라지는 원시의 시간 오면
숲의 정령 깨어나 횃불을 든다
한 줄기 달빛 쏟아져 들어오고
그녀의 심장에 불이 켜지고
대리석 같은 허벅지가 열린다
발끝까지 환해지는 몸
새들이 늑골 사이로 날아가 알을 낳고

창원 출생. 『시에』 등단

사람들은 편견의 외투를 벗으며
손을 내민다
알에서 꽃이 부화하고
풀벌레 소리 떡갈나무 가지에 열린다
성의 깊은 곳에서 울려오는
아득한, 혹은
선연한 북소리 들으며
지층이 한 번 두텁게 흔들리고
작은 풀씨 하나 땅에 묻힌다

장 | 인 | 숙

모질다는 것에 대하여

어머니는 나를 보고 모질다 하셨다
살갑게 대하지 않고 한 번 부은 마음에는
쉽사리 바람 빼지 않는다며
늘 모질다 하셨다
이런 마음 바꾸려 노력해 보았으나
천성이란 어쩔 수 없는 것인지
잘 되지 않았다

주었던 이도 받았던 이도 이름 모르는
물에 담가 두면 하나 둘 자신을 낳는
무명無名의 식물이 있었다
아침저녁으로 물 갈아주고 이야기하고
그렇게 시나브로 함께한 어느 날
베란다에 두어 햇살을 주기로 하였다

2002년 『문예한국』 등단. 한국농촌문학상 시부문 우수상, 한비작가상 수상. 시집 『그대가 보내준 바다』

어머니는 챙겨주지 못하고
저만 생각하며 사는 나를 두고
모질다 하셨다
배려 못하는 천성 때문이었을까
여러 날 까맣게 잊혔는데
청소하다 보니 입에 백태를 문
무명은 거기 그대로 숨 쉬며 살고 있었다

한 모금 물 목구멍으로 넘긴 적 없이
햇살과 바람 모조리 먹어 치우는 저 천성이란,
모질다, 생명이다, 삶이다
어머니 나를 두고 모질다 하셨지만
모진 것은 버티며 살아가는 나의 방패였다
아우성이자 모두를 위한 사랑이었다
이제 어머니께 사실을 말씀드리고 싶다

전 | 문 | 수

반환점

내 산책길의 반환점에는
믿음직한 소나무 한 그루가 서서
나를 되돌려 보낸다

제 큰 둥치로 밤새 앓은
내 고뇌를 툭툭 등쳐 날려주고
산이 안기듯 가슴 가득 안기어
두툼한 제 껍질처럼
투박한 세상의 신뢰를 의심치 말라 한다

한 백 년쯤은 그리 믿어
한자리에 있었을 것 같은
아름드리 소나무
앞으로 다시 삼백 년이라도
전혀 저 하늘과 이 땅을 의심하지 않을
의연함

경남 의령 출생. 《경향신문》 신춘문예, 《중앙일보》 신춘문예 동시 당선, 『현대문학』 문학평론 추천완료. 마창불교문화상, 경남아동문학상, 경남문학상, 경상남도문화상 수상. 평론집 『문학의 존재방식』 『문예창작의 이론과 실제』 외 다수. 창원대 명예교수, 의령예술촌 촌장

내 산책길의 그 소나무 한 그루처럼
이 세상이 내 등 뒤를 툭툭 쳐
다독여 보내는
반환점이었으면 좋겠다.

정 | 삼 | 조

아름다운 땅

땅 밑의 일을 누가 알겠는가
땅 위를 만들기 위해
분주하나니
가꾸어내는 그 맛으로
바쁜 것일 뿐

사람의 일은 항상 바쁘고
속임은 오직 땅 위의 일
참말로 바쁜 것은 땅 밑의 일,

그 비밀은 아무도 몰라
그 속셈은 아무도 몰라
자기도 모르는 그 생명을
들내기 바빠

삼천포 출생. 『현대시학』 추천

우리 어머니 늘 꿈꾸셨나니
무엇을 낳을지는
나도 몰라도
이 비밀 저 비밀을 합치기에
늘 바쁠 뿐

정 | 삼 | 희

나 무

헐벗은 가지 첫물 내리더니
힘껏 박동쳐 생명 숲 잉태하여 모성 커져간다
그대 사무칠 가슴 우슬우슬 풀어놓은 지 오래
단비로 왔다 정녕 잊어버린 걸까
풍요 냄새 취해 오늘 문득 정인인 양 바라본다
그토록 연모해 꽃잎 물들일 때마다
계절 미소 숨기며 돌아누운 여인 같아서
철 따라 수줍은 꽃물 낭창낭창 식히며 황홀해 하고 있다

대전중부대학교 대학원 석사(교육학) 졸업. 2002년 『문예한국』 신인상, 우수작품상 수상. 시집 『내마음의 도피처』 『찰비산의 그리움』 『곡비』, 『향기나는 차』(7인시집) 『추억』(5인시집). 경남문협, 경남시인협회, 진주문협, 진주여성문학회, 의령예술촌 회원. 가곡 〈경남의 노래〉 〈남강의 노래〉 작사

정 | 이 | 경

천왕봉 가던 길

—산행일지

한 달에 한 번씩 나서는 지리종주 길
난데없이 토끼풀을 만났다
이 아고라지대에까지 와서 꽃 피우다니
계절을 가리지 않고 부는 바람이 데려왔을까
수시로 몰려드는 안개와 더불어 천왕봉 가던 길
통천문 아래
높고 깊은 것들 속에
소담스럽게 피어 있던 그 작고 환한 자리
마음 가만히 내려놓고 낮은 자세로 굽어 보란다
갑자기 작은 것들에 대한 위대함이
온 산을 가득 메운다

진해 출생. 1994년 『심상』 등단. 경남문협 시분과 이사, 경남시인협회 사무국장

조 | 민 | 자

다슬기를 잡으며

집 앞 개울에서 다슬기를 잡는다
맑고 차가운 일급수 시냇물에서만
서식하는 작은 생명체들
바위틈에 찰싹 붙어서 살아 보겠다고
세상에 나온 존재들을 바구니에 담는다
기쁨이나 슬픔 외로움이란
애당초 모르는 생명체
피고 지길 두려워하지 않는
풀과 꽃과 나무처럼
야생의 숨붙이 다슬기는 참으로 평화롭다
허리를 굽혀 바위 틈새에 붙어 있는
다슬기를 한 마리 잡으면
내가 엎드리지 않으면 발견할 수 없는 곳에
어미 다슬기들이 조랑조랑 붙어 있다
허리를 낮추면

경남 하동 출생. 시집 『포스트 모더니즘 시대에 길을 묻다』 외 2권. 한국문협, 경남문협 회원

이런 귀한 것도 눈에 보이는구나
다슬기를 잡으면서
낮아짐의 이치를 다시 한번 깨닫는다

조 | 은 | 길

능금 한 알

너는 지금
몸이 한창 단 여인
기어이 나의 침실까지 밀고 들어와
빨갛게 달아오른 뺨
향기로운 몸내로
날 가져봐 날 가져봐
눈웃음치고 있다

나는 태초의 습성으로 침을 삼키며
너의 아름다운 겉옷을 벗긴다
오 너의 속살은
탐스런 향기로 가득하다

나는 유혹에 빠진 광인처럼
몸을 휘둘러 네 몸을 탐한다

경남 마산 출생. 1998년 《중앙일보》 신춘문예 시 당선. 시집 『노을이 흐르는 강』.
경남문협, 마산문협 회원

너는 기다린 듯 차근차근 몸을 풀어
마침내 몸 가장 중심부를 열어
까맣게 달이 찬 아기를 생산한다

오오 이제야 알겠네
날마다 태양이 떠오르고
어딘가에서 바람이 불어오고
간간이 비가 내리고
꽃이 피고 벌 나비가 돌아오고
열매들이 저마다 은밀한 향기를 지니는
그 속에서 내가 살아가는
모든 까닭들을

나는 탯줄을 끊는 산파의 자세로
까맣게 반짝이는 생 하나
받는다

조 | 재 | 영

달걀을 삶으면서

달그락 달그락
냄비 속이 아우성이다

한 생을 접고
또 다른 생을 준비하는 소리,
천당과 지옥이 나뉘는 소리,

배고픈 오후의 부엌에서
조용히 숨죽이며 듣는

오, 저 윤회의 바퀴 소리들

《경남신문》 신춘문예 시 당선

조 | 종 | 명

어떤 죽음

낙엽처럼 떨어져 내린 날
너무 슬픈 것은
책임지지 않는 책임자
나라를 짊어졌던 어깨 위로
솜털보다 부드럽게 날아가는
"國君死社稷"
건너갈 배를 태우고 솥도 깨부수고
이틀 안에 승리를 다짐했건만
선조대왕이 압록강을 건너지 않은 것은
다행이었다
칠년의 생령들은
강 하나를 두고 살아났는데
오늘 한 사람의 죽음 앞에
우는 뜻은
국군은 사직 말고는 죽을 데가 없다
도망간 군수를 회초리 친 백성이 있었던 일은
사백 년도 더 된 옛날이었느니라

1992년 『농민문학』 신인상, 『문예운동』 추천. 시집 『소나무는 외롭지 않다』. 진주문협, 경남문협 회원. 남명학연구소 이사, 지리산생태계보전운동 협의회장

주 | 선 | 화

우포

암각화에서 갑사 입은 여인이 청동거울 들고 웃고 있다네 홍조 띤 귓불 따라 헤실헤실 웃으며 살며시 걸어 나오는데 진흙탕 속의 백련 봉오리가 막 피어오르는 듯 환해지는데 온통 환해지는데 둥둥 북소리 새떼구름 자북이 내려앉아 사락거리며 옷자락 쓸어 푸른 입 여는데 천상의 향기가 몽유도원 거닐듯 울려 퍼지는데 떨려오는데 온통 떨려오는데

꽃 대궁 들고 물길 자박자박 치네 뜨거운 햇살 어깨를 밀어 뿌리의 근원을 찾아 땅속까지 더듬으며 젖어드는데 온통 젖어드는데 숭숭한 구멍 사이로 연밥의 씨앗들 서로 고개 쳐들어 비좁다고 아우성이네 큰 구멍 사이로 큰물이 노니는 듯 한껏 물오른 백련이 긴 기지개 켜네. 여인의 옷자락 쓸어 무늬 진 물결 흔들고 가네 온통 흔들고 가네

경북 감포 출생. 마산대학 사회교육원 시창작과정 수료. 2004년 『시와 비평』 작품 발표. 2007년 《서남일보》 신춘문예, 2007년 『시와 창작』 신인상 수상. 시사랑문화인협의회 영남지회, 경남문협 회원. 〈띠앗문학〉 동인. 마산문협 사무간사

차 | 영 | 한

달 붙이

달달 달은 호랑이 달(寅月) 달삯 달라붙어라 콩콩 콩알 열두 알로 수수깡에 눈 감기듯 넣고 지푸라기에 매달아 물레방아 도는 우물에 몰래 담그면 춤추는 달팽이 촉수 써레질하는 가름에 달맞이 모심기를 반달처럼 조리는 모춤 포기 쥐는 만큼이나 샛바람불알 커진다는 텁석부리 영감 큰골 너 마지기 논두렁에 미끄러진 산달이 엄마 질끈 묶은 허리춤 내려가도록 보듬어 준 새벽 눈썹달이 잡아당기던 저 한해 속살 손 타지 않아도 열두 달 물기 짚어 안다는 장마안개 달거리 가뭄에 내 피땀 짓이겨 털어보는 볏가을 볏술* 갚고도 남은 자라목숨 부지할 건가

*볏술: 옛날부터 가을 벼로 갚기로 하는 외상 술.

통영 출생, 경상대학교 일반대학원 국어국문학과 졸업(문학박사). 1978년~1979년 월간『詩文學』추천완료. 시집『시골햇살』,『섬』,『살 속에 박힌 가시들』등. 경남시인협회 부회장, 한국현대시인협회 지도위원, 국제펜클럽 한국본부 이사 등

하 | 연 | 승

봄, 태기

대지의 질膣이 젖고 있다.

양수 한 방울,

버들개지 개울가

고드름 녹고 있듯

솜솜이 몸을 트는 새 움,

응 애 애

맑디 맑은 애기 울음소리, 금방

어디서 툭 터질 것 같다.

경남 진주 출생. 1953~1954년 『新作品』 동인, 1956년 『詩硏究』 회원. 1971년 『현대시』 『월간문학』 등 작품활동. 마창불교문화상(문학부문) 수상. 시집 『이슬의 탄생』 『나비의 생태학』. 창원문협, 〈포에지 창원〉 고문

하 | 영 | 갑

어리석은 삶

통한의 땅을 찢고 나서는 이의 머리에는
하늘을 썼고

허공을 날다 땅의 온기로 감싼 작은 우주도
어린 주둥이에 찢겼으며

이승과 저승의 중간에서 기구한 운명을 어깨에 건 채
얇은 피막 뒤집어쓰고 나타나는 이는
기고 서며 뒹구는
언제 어디로 갈지 모르는 어리석은 한 점의 살!

거센 파도에 떠밀려 다니다 운 좋게 살아남은 놈들의 가슴엔
물 밑에 내려 박힌 지구의 비절함을 간직한 채 눈을 뜬다.

2006년 월간 『문학21』 시 등단, 2007년 월간 『신춘문예』 수필 등단. 창신대학 아동복지과 교수, 경상남도사회복지협의회 이사, 경상남도사회복지사협회 대의원, 마산시 노인요양보호대상자 등급 판정위원

비바람 눈보라 뇌성 벼락에 만신창이가 될 줄 모르고
어리석게도 짧은 삶에
황금빛 햇살과 달콤한 향이 늘 함께할 거라고
지금도 쉼 없이 태어나고 있다.

한 | 영 | 순

껍데기가 껍데기를 낳고

당신의 뼈 구멍 사이로 여전히 스멀거리며 희번덕거리는 눈에 힘을 더해 김치통 열고 장독대 돌아 한 아름 손맛 훔쳐 이 가을 삶은 밤 속에 웅크리고 있습니다
더 토실해지기 위해 쪽쪽 힘차게 혓바닥 힘을 최상으로 올려놓고 나만의 길 내기만 열중했으리라

살과 뼈를 녹여먹던 그 오래된 물속 기억에서 내 어린것에게 젖을 물리며 아이의 눈만 내려다보며 또 한 겹의 껍데기가 벗겨지고 있는 소리 듣습니다

낱낱이 파 먹힌 구멍 사이사이 레미콘이 시멘트를 마구 쏟아 붓습니다
오냐 오냐 넙죽 받아먹던 껍데기가 풀기 잃은 무명천으로 풀썩 주저앉습니다
나절가웃으로 접어든 껍데기가 껍데기를 보듬습니다

경남 진해 출생. 2005년 『시와 비평』 신인상. 시사랑문화인협의회 영남지부 이사, 마산문협, 경남문협 회원, 〈띠앗〉 동인

황 | 시 | 은

방 생

휴가를 맞아 친정에 갔더니 조카처가 민물소라와 우렁이, 조개를 해캄시키고 있었다 어디서 구했냐고 물으니 아파트 앞 개천에서 하루 딴 것들이란다 장마로 물이 불어나면서 개천이 깨끗해지더니 그곳에서 생명체가 자라기 시작했다는데 크기가 제법이다 민물소라는 민간요법으로 대단한 인기몰이를 하던 녀석이라 삶아 국물은 술 마신 남자들이 먹고 소라의 속살을 옷핀으로 파먹는 재미는 여자들에게 쏠쏠하다

돌아오는 길 솔방울만 한 우렁이 한 마리와 망개잎만 한 민물조개 세 마리를 챙겨와서 현관 입구 돌절구 속에 수돗물을 채우고 잘 넣어 두었다 그날 밤 꿈속에 이것들이 나타나 개천에서 아이들과 물장구를 치며 놀고 있지 않은가, 그런데 유독 한 녀석의 주둥이가 허옇게 부르튼 것이 비누거품처럼 우글거린다 다음날 동이 트기도 전 녀석들을 모두 매미채에 떠 담아 마을 앞 개천가에 놓아두었다

2007년 계간 『시선』 등단. 시집 『난 봄이면 입덧을 한다』

막내가 일어나 찾으면 꿈 이야기를 매미채 가득 채워 주어야 겠다

시조

강경주 강기주 공영해 김동렬 김만수
김복근 김연동 김정희 김진희 김춘기
김춘랑 문희숙 서석조 서일옥 손영희
옥영숙 우은진 우홍순 윤정란 이달균
이수정 이우걸 이처기 임성구 정강혜
정영도 하순희 하한송 홍진기

강 | 경 | 주

어느 날 다람쥐와

—절장(단장) 시조

침묵이

어색하지 않은

이 기막힌

눈맞춤

작품집 『찻잔이 죽었다』 등 7권. 네이버 카페 '강경주 시인의 문학공간'

강 | 기 | 주

생

아가의
숨소리가
고요롭게 느껴질 때

어버이의
긴 여정
이제는 알 듯도 하고

인생은
굴곡의 장터
만 갈래 길 더부살이.

1987년 『시조문학』 천료. 1988년 『월간문학』 신인상 수상

공 | 영 | 해

늪의 노래

가슴 풀면 천만 목숨 내 안에 깃을 치네

물풀로 소금쟁이로 왜가리로 오시어

넉넉한 하루를 위해 일어서고 눕는 그대.

스스로 뻘이 된 몸 햇살 좇아 꽃인 날은

푸른 넋 융단 깔아 젖살 오른 오월이네

뻐꾸기 자운영 밭을 뻐꾹뻐꾹 불 지르는.

『시조문학』 등단. 시집 『낮은 기침』 외 2권. 경남문협, 한국시조시인협회, 경남시조시인협회 회원. 창원문인협회 회장. 〈가락문학회〉, 〈포에지 창원〉 동인

金 | 東 | 烈

蘭 기르기

난蘭을 그린 분盆에는
사시사철 난꽃인데

정성 다한 내 분盆에는
노여움만 풀풀댄다.

그래도
영양제 다시 꽂고
습관처럼 잎을 닦는다.

경남 하동 출생. 문학박사(「운초 박재두 시조연구」). 1988년 《경남신문》 신춘문예, 『시조문학』 천료. 성파시조문학상 수상. 경남문협, 경남시조, 창원문협 회원

김 | 만 | 수

지금, 牛浦는

오뉴월 들끓는 소리 태곳적 울음인가
1억 4천만 년 달궈 놓은 발자국들
우포는 영혼의 성소聖所
짝짓기가 바쁘다.

바람도 숨죽이다 안으로 도는 숨결
물굽이 출렁하면 꽃 방울이 벙글다
마지막 생명의 보고寶庫
다시 여는 그리움.

늪 속에 반짝반짝 알알이 맺는 목숨
흙과 물이 만나서 물과 흙에 잉태하는
우포는 어머니 자궁
아, 재잘대는 낙원

경남대 국어국문학과, 동 교육대학원 졸업(석사). 《국제신문》(시), 『문예한국』(시조) 천료. 창원문협 회장 역임. 시조집 『지울 수 없는 쉼표』 『순례자의 노래』 외. 창원문협 · 경남문협 이사, 가락문학회 회장

김 | 복 | 근

우포늪, 알을 낳다

나무에 숨어 있던 푸른 바람 한 자락이
벌거벗은 여인네 그 매력에 혼을 앗겨
어울려 볼을 부비며 교접을 하는 게다

바람을 잉태한 물이 알을 낳기 시작한다
우렁이
게아재비
따오기
알 알 알…
부화는 빨개진 얼굴
가시연꽃 피우나보다

달거리 하는 계집아이 설레는 가슴마냥
오소소 이는 물결 눈웃음 풀어내어
씨알을 달구는 몸짓 천년비경 문을 연다

경남 의령 출생. 「생태주의 시조 연구」로 문학박사 학위. 『시조문학』 천료 등단. 한국시조문학상, 성파시조문학상, 경상남도문화상 등 수상. 시조집 『클릭! 텃새 한 마리』, 시조평론집 『노산시조론』 『생태주의시조론』 등. 현재 『화중련』 주간. 경남문협 회장. 한국시조시인협회 부이사장

김 | 연 | 동

꼬리치레도롱뇽

억새풀 흐드러져 천 년 늪 가려 있다
천성산 늪* 물속에, 발길 뜸한 늪 물속에
감춘 몸 풀숲을 골라
숨 고르는 도롱뇽

청맹과니 눈빛 같은 멀건 하늘 바라보며
한 스님 손끝으로 수를 놓아 피운 연좌
가늘고 여린 목숨이
돌부처로 앉았다

바람도 허둥거리는 고속철 터널 너머
화엄에 이르는 길 열어가는 도반道伴들이
무제치 꼬리치레도롱뇽
무언의 말 듣고 있다

* 천성산 무제치늪 : 꼬리치레도롱뇽의 서식지. 한 스님의 반대 단식으로 고속철 터널공사가 한때 중단.

《경인일보》 신춘문예, 『시조문학』 『월간문학』 신인상 당선. 중앙시조대상 제11회 新人賞, 제25회 大賞, 경상남도문화상 등 다수 수상. 시집 『저문 날의 構圖』 『바다와 신발』 『다섯 빛깔의 언어 풍경』 『점묘하듯, 상감하듯』 등. 한국시조시협 · 경남문협 · 마산문협 · 경남시조시협 등 이사, 오늘의시조시인회의 부의장. 경남교육연구정보원 원장

김 | 정 | 희

알을 품다

무법자가 침입했다, 산길 고요한 풀숲에
부르릉 트럭 소리에 놀란 어미 까투리
품은 알 팽개쳐두고 엉겁결에 날아갔다.

해종일 기다려도 어미는 길 잃었는지
남편이 안고 온 식은 꿩알 여덟 개
더불어 동침하면서 밤낮으로 살핀다.
정이며 눈물 섞어 데워주고 굴려주며
자연에서 얻은 목숨 소중히 껴안은 봄날
생명을 회임한 기억, 황홀한 기쁨이여.
지녀 온 모성애가 새록새록 되살아나
늦둥이를 가진 듯 품에 가득 차는데
새끼를 잃은 어미 새, 어느 하늘 헤맬까.

"제발 살아만 다오" 햇병아리 깨어나면
네 살던 곳 데려가 어미 찾아 주리라
사람이 무심코 지은 죄 "자연이여 미안하다"

1975년 『시조문학』 등단. 한국시조문학상, 경상남도문화상 등 수상. 시조집 『빗방울 변주』 등 9권, 수필집 『차 한잔의 명상』 등 3권. 국제펜클럽 한국본부 이사, 한국여성문학인회 이사

김 | 진 | 희

빈 집

1.

평생을 돌고 돌아
꿈꾸던 마른자리
온몸이 뿌리 되어
굽은 등 일으키던
사진 속
박꽃 같은 어머니
새떼 날려 보내고

2.

물살에 몸을 섞고
땅속에서 진을 빨고
하얀 달빛 비치는
새의 영혼 불어넣어
담벼락
눈뜨는 매미
산고産苦 치른 푸른 독방.

1997년 경남신문 신춘문예 시조 당선. 경남문협 사무차장

김 | 춘 | 기

생사의 파장

—플랑크톤

물속에 부유물이 거울물로 스며들어
맑아진 바닷고기 민물어도 맛없다네
옛 입맛 돋구는 양수 강물마다 흘러라.

은하수 계곡에도 볼 수 없는 작은 생물
바다의 양식이요 강물의 먹이인데
우리네 흘린 폐수로 허기지며 야윈다.

습지에 스며드는 미생물도 줄어들고
산마루 피는 꽃도 제 안색 눈 못 떠서
강물은 원을 그리며 반딧불로 납니다.

1991년 『현대시조』 신인상 등단. 시조문학작가상 수상. 한국문협 · 한국시조시인협회 회원, 고성문인협회 자문위원

김 | 춘 | 랑

생 명

—등대를 바라보며

목숨 하나 질긴 닻줄
한바다에 던져두고

아득한 면계面界 밖에
명멸하는 점點인 우리

이 밤도
떴다 스러지는
별이어라 너와 나는.

사랑함도 미워함도
어찌 못할 이승 몸살

잠들었던 나의 바다
도로 일어 술렁대며

시방은 은모래 같은
임의 생각 그리 많은.

경남 고성 출생. 1968년 『시조문학』 등단. 성파시조문학상, 경상남도문화상, 가람시조문학상, 경남시조문학상 등 수상. 저서 『우리네 예사사랑』 『서울 낮달』 『작은 행복론』, 동시조집 『산골마을 오두막집』 시조선집 『지부상소하는 바람』 등. 국제펜클럽, 한국문협, 한국시조시협 회원. 고성 소가야문화제 집행위원장, 한국예총 고성지부장

문 | 희 | 숙

얼음새꽃*

지상의 집 한 칸이란
내게는
아득한 불빛

가물거리는 명왕성처럼
점으로만 흐르는 방
그런 방, 그런 봄밤에
낯선 음표 보인다

돌과 얼음 속에서도 꽃은 눈을 뜨는가
지친 몸을 흔들어 무성하게 일어서는
초록의 부드러운 힘
벽을 막 넘고 있다

*얼음새꽃 : 복수초라고도 함. 얼음 풀리지 않은 이른 봄, 깊은 계곡에서만 피는 꽃.

경남 삼랑진 출생. 1996년 《중앙일보》 지상시조백일장 연말장원 등단. 오늘의 시조시인회의 '젊은 시조시인상' 수상.

서 | 석 | 조

하늘 · 5

1. 잠자리 주검

고추잠자리 물잠자리 형형색색 뽐을 내며
땅 위의 변란에는 날갯짓만 높이더니
하늘에 몸둘 곳 없어 땅바닥에 주검이냐.

2. 고라니 주검

하늘에 명을 얻어 사람으로 태어나서
그 하늘 외면해 가며 죄짓기는 얼마인가
길 위의 짐승마저도 무한질주 죽여놓네.

서석조

2004년 『시조세계』 신인상. 시조집 『매화를 노래함』. 한국시조시인협회, 경남문협, 산청문협 회원. 계간 『시조세계』 운영위원

서 | 일 | 옥

비 오는 우포늪

내 다 닿지 못한 아득한 우주여
너는 젖고 있다. 젖어서 피고 있다
저마다 귀한 목숨들 초록 숨결로 일으키며.

아직도 새로 나고 더 가꿀 이름 있어
원시의 자궁 속엔 비밀이 익고 있는가
다 낡은 조각배 한 척 한가로이 띄워놓고.

1990년 《경남신문》 신춘문예 당선. 한국시조시인협회상, 성파시조 · 경남시조문학상, 마산시문화상 수상. 시집 『영화스케치』 외. 경남시조시인협회 회장, 경상남도 함안교육청 교육과장

손 | 영 | 희

실안 벚꽃

벚꽃 핀 실안바다, 나비들의 군무다

새로 내민 붉은 입술, 그림자 닿는 곳

어제의 희던 꽃자리가 상처인 듯 화닥인다

톡, 톡, 바다로 떨어지는 나비의 잔해들

길은 서쪽으로만 오래도록 뻗어 있고

만개한 노을이 진다, 물과 꽃 그사이로

충북 청주 출생. 2003년 《매일신문》, 『열린시학』 등단. 2008년 오늘의 젊은 시조 시인상 수상. 시집 『불룩한 의자』

옥 | 영 | 숙

동백꽃 그늘

단두대로 내몰리는
런던탑과 천일의 앤

흘러내린 핏방울이 대지를 적신다

아가야, 꼭 여왕이 되거라
종소리가
생생하다.

2000년 《매일신문》 신춘문예, 2001년 『열린시학』 신인상으로 작품활동 시작

우 | 은 | 진

나비의 꿈

1.

흰 나비 한 마리가 빈 마당에 들어와서
조가비 껍질 같은 온몸을 꽉 다문다
그 안에 흩어지던 숨결이 모아져서 갇힌다

내려앉은 꽃대도 휘지 않는 한 점 그늘
바람이 불어오면 다시 빛만 무성하리
팽팽히 교차되는 시선
곧 잊은 듯 날아간다

2.

꿈이라도 꾸는 듯이 평온한 이마 위에
한나절 가을볕이 반짝이며 머무른다
파르르,
푸른 속눈썹이 날갯짓을 준비한다

2005년 『경남문학』 신인상(시조). 2008 『화중련』 신인작품상 수상. 부산대학교 대학원 국어국문학과 박사 과정

우 | 홍 | 순

사람의 話頭

삶터에 똬리 튼 이기심 악마의 꽃
마음에 배려하는 이타심 천사의 꽃
하나는 함께 사는 원리
하나는 함께 죽는 길.

돈 때문에 납치살인 한 가족 동반자살
노부모 유아 유기 패륜의 신종 고려장
이 아픔 보듬지 못한 우린
너무 멀리 벗나가 있다.

떼몰이 오토바이 질주 과음운전 청부살인
묻지 마 집단 테러 살상무기 제조판매
막가는 이 자멸의 유언
성전聖戰인 양 의기양양.

경남 창원 출생. 1993년 『문예한국』 신인상, 1994년 『시조문학』 추천. 시조집 『출장복명』 외 3권. 경남시조시협 이사, 가락문학회 고문, 진주시조시협 자문위원, 한국문협 · 한국시조시협 · 시조문학 · 경남문협 · 한국도서관문학 · 진주문협 회원. 창원명지여고에서 정년퇴임

DNA 디지털 우주탐험 급화두急話頭지만
일그러진 양심 다릴 다리미 바투 잡은 채
고고성呱呱聲 울리던 때로 돌아가
사람 화두話頭 풀고자.

윤 | 정 | 란

벽에도 금이 가서

하늘을 가려 놓고
자물통을 채웠으니

햇살 한 올 움켜쥔
주먹으로 두드리다

비로소 주검이 되어
승강기에 실린다.

아프다
세상도
진구렁에 빠졌는지

천륜도
도리도 버린
벽에도 금이 가서

1983년 『시조문학』 천료. 성파시조문학상 수상. 시집 『푸른별로 눈 뜬다면』 『꽃물이 스며들어』. 한국시조시협, 진주문협 이사 역임. 진주여성문학인회 회장, 진주시조시인협회 부회장. 한국문협 · 한국시조시협 · 경남문협 · 진주문협 회원

파리떼
잉잉거리는
여름날의 긴 장마

이 | 달 | 균

질주

내 곁으로 사람들이 광속으로 달려가고
나는 비켜서 있다 느린 내 장례행렬
나는 왜
불화하는가
부러워라 저 광란의 질주

경남 함안 출생. 1987년 시집 『남해행』, 무크지 『지평』으로 등단. 중앙시조대상 신인상 외 수상. 시집 『장롱의 말』 외 여러 권

이 | 수 | 정

봄빛 스케치 · 4

—그리운 우리 할머니

이 생명,
아, 찬란한 띠를 둘러 날 보내 주신
핏덩일 꼬옥 껴안고 우셨다는 우러른 사랑
할머니,
이 짠한 공허空虛
아, 어쩌면 좋으리까…….

오늘은,
자장가처럼 눈부신 봄빛을 타고
우러러 오늘의 삶, 그 만감萬感을 꾹 누르니
이 환영幻影,
달려오셔서
나를 껴안는 할머니여…….

1984년 『현대시학』 천료. 현대시조문학상, 성파시조문학상 수상. 시조집 『산다는 것, 이 긴 물음』, 『그 눈부신 절망의 사닥다리』, 『사랑의 눈빛들이 무늬져 흐르는 강물』 등. 한국문협, 한국시조시인협회, 국제P.E.N클럽 한국본부 및 경남지역위원회, 경남문협, 경남시조시협, 진주문협, 진주시조시협 회원

이 | 우 | 걸

늪

햇볕 들다 만 고요의 수렁이라도
늪에는 범할 수 없는 초록의 혼이 있다
우포는 수십만 평의
그 혼의 영토다

새가 와서 노래를 하고
풀씨가 꽃을 피우고
깨어져 혼자 머물던 종소리도 쉬다 가지만
생명의 여인숙 같은
이곳엔
거절이 없다

편한 대로 닿아서
스스로의 생을 가꾸는
배려와 위안의 따뜻한 나라여
늪에는 범할 수 없는 초록의 혼이 있다

1973년 『현대시학』 등단(이영도 추천). 중앙일보시조대상, 경상남도문화상 등 수상. 오늘의 시조시인회의 의장. 시집 『빈 배에 앉아』 『그대 보내려고 강가에 나온 날은』 『나를 운반해온 시간의 발자국이여』 외 다수

이 | 처 | 기

까만 동백씨

헤어지고 만나는 무상한 인연과
호화로운 영화는 다 붉은 너의 몫이었다
화려한 구중 궁전에 연방 심방하는 나비하며

그 후 아무도 기다리지 않는 변방에
툭, 온몸으로 떨어지는 꽃망울
영화와 높은 권위는 금방 무너져 가고

검은 장막 감방에서 애원하고 묵도하며
모든 걸 맨몸으로 닦는 마애불의
한 깊은 골짜기 고인
곰삭은
짙은 멍

부산사범대학 미술과 졸업. 『시조문학』 천료, 『현대시조』 신인상. 민통 중앙협의회상(문학공로) 수상. 시집 『평양면옥』 『화진포 연가』 『장엄한 절정』. 『시조세계』 기획위원, 한국시조시인협회 중앙위원, 〈포에지 창원〉 회장

흐르는 그 윤기, 물광 되어 돌아온
당신 가르마 사이로 반지르르 구르는
성긋이
풍겨 내리는
동백씨
기름
향

임 | 성 | 구

필 터

무심코 뱉은 독설이 허공을 떠돌다가
몸속으로 들어왔다, 하수구 냄새 가득 안고
몰랐네,
가식적인 그 말
혈전으로 쌓인 것을

비상구를 찾지 못하던 지난밤 꿈처럼
거친 숨소리 같은 술잔들이 너부러진 거리
어쩌면
막차를 기다리는
늙은 창녀 눈빛 같은

링거액 떨어지는 소리에 눈을 뜨면
병실 안 형광등이 반딧불이로 다가오고
자목련 화살 같은 질문을 물고
비발디 사계로 핀다

경남 창원 출생. 1994년 『현대시조』 신인상. 경남문협, 한국시조시협, 한국문협 회원. 경남시조시인협회 홍보간사. 오늘의 시조시인회의 사무차장. 창원문협 감사. 고향의 봄 기념사업회 이사. 〈석필〉 〈영언〉 동인

정 | 강 | 혜

모내기를 위하여

취한 듯 비틀거리며
꽃뱀 논둑을 걷는다

황새로도 못 산 주제
농사 더욱 뱁새인데

며칠 전
논 가득 물 댄 후
뇌리에 사는 속삭임

촉촉이 젖어야 하리
은밀히 괴어야 하리

생명의 밀알 온전히
터 잡고 뿌리 내리도록

진주교대 졸업. 1990년 『시조문학』 등단. 작품집 『치자꽃 향기』. 섬진시조, 진주문협, 경남문협, 진주시조시인협회, 진주여성문학회, 한국문협 회원

칼바람
견딘 내력을
알곡마다 새기도록

정 | 영 | 도

살아 있다는 것

하늘이 시샘하는
사랑을 하고 싶었다

수목원 숲길에서
나누었던 입맞춤

치솟는
물줄기 되어
분수로 오르고 있다

시리고 저린 날들을
굴레처럼 벗어 버리고

열광하는 불꽃 같은
꽃이 되고, 휘파람 되어

2000년 『시조문학』 신인상 등단. 한국문협, 경남문협, 경남시조시인협회 회원

후두둑
장맛비 맞아
온몸을 적시고 싶다

하 | 순 | 희

열 매

두류산 어느 새벽 노래하던 새였던가
천석종 품어 올린 천 년의 사랑이던가
큰 호흡
한번 내쉬어
우주를 열어 두니

내 숨결 잉태한 날 천평들 건넌 어머니
한밤중 높은 열로 잦아들던 젖먹이는
수시로
살아나기를
반복하던 여린 새

해와 달 윤기 빌어 펼쳐둔 푸른 잎새
마음 조린 정성 안에 튼실한 나래 펼쳤으니

《서울신문》 신춘문예 시조 당선. 경남시조문학상, 중앙시조대상 신인상, 경남문협 우수작품상, 성파시조문학상, 마산시문화상 수상. 시집 『별 하나를 기다리며』, 『적멸을 꿈꾸며』. 경남문협, 경남여류문학회, 경남아동문학회, 오늘의 시조시인회의, 한국문협, 한국시협, 한국여류문학회 회원. 경남시조시인협회 부회장, 『경남문학』 편집위원, 『火中蓮』 편집장

생명빛
보은의 노래
열매 되리 향그러운

河 | 漢 | 松

해바라기 頌

강렬한 광원光源들을 스스로 듬뿍 받아
튼실한 몸 하나에 무성히도 자라 와서
한 송이
꽃이 밭 되어
씨앗 가득 남겼나.

한세상 찬란한 금빛 후회 없이 지냈으면
이제 와 삶의 족적足跡 뚜렷이 남겼다면
또 무엇
되뇌어야만
마음 한켠 후련할까.

경상대 교육대학원 졸업. 『시조문학』 등단. 한국시조시인협회 이사 역임. 시집 『바람이는 곳』 외 2. 평사리토지문학제 추진위원, 하동문학작가회 부회장, 섬진시조문학회 회장

홍 | 진 | 기

유월 판타지

비련의 금불초를 흔들어 깨워놓고
등 굽은 능선 따라
북창 문을 넘는 구름
들릴 듯
가슴 저려라
내 소녀의 여린 숨결

향 묻은 들길을 바람이 지나간다
목이 가는 패랭이꽃
순하게 익는 마을
볼수록
어여쁜 몸짓
꽃잎들 살 섞는 소리

『현대문학』 자유시, 『시조문학』 시조시 천료. 경남시조문학상, 경남예술인상(본상), 경남도문화상(문학) 수상. 작품집 『파수꾼』 외 4. 한국문협 원로회원, 국제펜클럽 자문위원, 한국시조시인협회 이사, 한국현대시인협회 중앙위원, 가락문학회 · 포에지창원 · 창원문인협회 고문

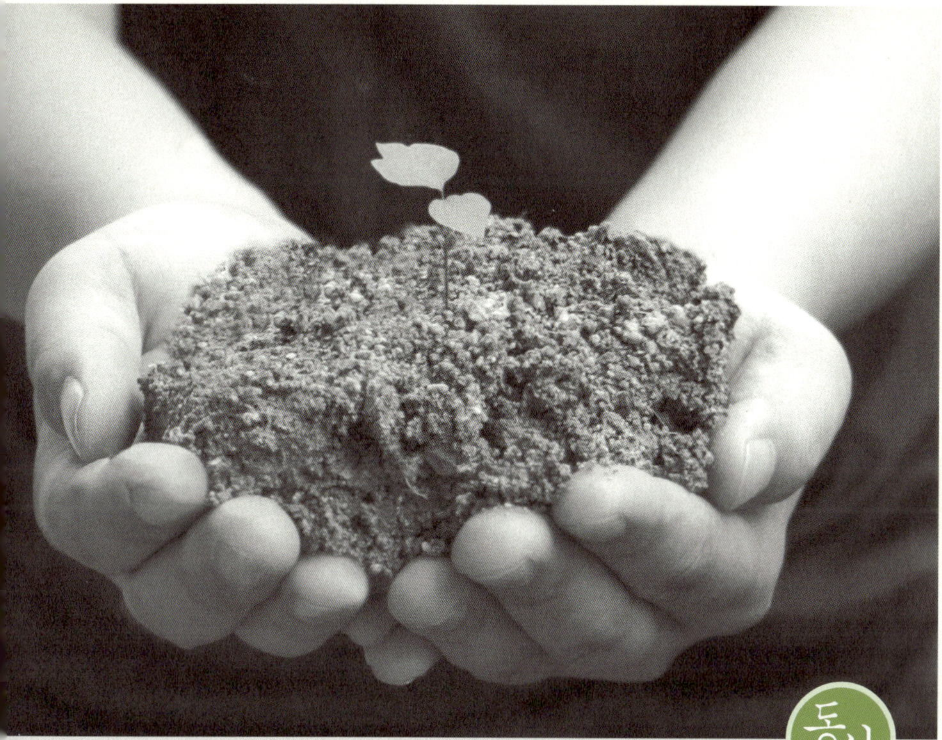

동시

권영현 김재순 이 림
이창규 하 영

동화

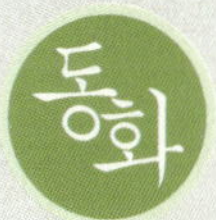

김태두 김현우 이한영
임신행 조평규 조현술
최미선

권 | 영 | 현

할아버지

작년에 돌아가신
할아버지

밭둑에 술병 놓고
김을 매고 계신다

아빠랑 손자랑
불러앉혀
씨 뿌림을 가르치며
하, 하…
웃으신다

돋아나는
새싹에
할아버지 계신다

경남아동문학회장 역임. 저서 『들꽃마을』 『교작의 멋』 『안분당 권선생』 등. 교장으로 정년퇴임

김 | 재 | 순

어머니, 누구였을까요?

어머니,
저를 할머님 강아지로
데려다 준 건 누구였을까요?

저 하늘 어디선가 반짝였을 별이다가
어머니 가슴에
작은 별로 뜨게 한 건 누구였을까요?

수학 시간,
30센티미터 자를 대고
선분을 긋다가

어머니와 나 사이의
긴 줄긋기…
어머니, 누구였을까요?

1977년 『교육자료』 동시 천료(황금찬 시인 추천). 동시집 『바람은 나만 빼놓고』(2000) 외 다수. 한국동시문학회 부회장, 경남아동문학회 부회장, 마산대학 평생교육원 〈시조창과 시낭송〉 출강, 함안 가야초등학교 교사

이 | 림

벼꽃 등불

한여름, 시골길을 달려보세요.
가로수 뒤가 환해요.

햇볕 쨍쨍 내리쬐는데
누가 해보다 더 밝은 불 밝혔을까요?

세상에서 가장 작은 꽃
세상에서 가장 귀한 꽃
티끌만 한 벼꽃들이

초록 물결 속에 하얀 불씨 피우기 때문이에요.
온몸으로 생명의 불 켜기 때문이에요.

한여름, 시골길을 가보세요.
가로수 뒤가 환해요.
햇볕보다 더 밝은
벼꽃 등불이 빛나고 있어요.

경남 창원 출생. 《서울신문》, 《경남신문》 동화 당선. 동화집 『안녕하세요?』 『빛나라 등대야』 등 다수

이 | 창 | 규

질경이의 참을성

꼭 길바닥에
나와 앉아 밟히면서도
일어서는 것을 좋아한다.

미운 돌 같이하고
마차 바퀴에
깔리면 깔릴수록
푸르게 어우러진 얼굴
우리나라 길 누비며 산다.

거칠은 바람
구름까지 안아 주며
끈기 있게
살아가는 생명이 장하다.

한국아동문학상, 한정동아동문학상 수상. 창원문협 회장 역임. 저서 『강아강아 낙동강아』 외 35권. 한국문인협회 · 국제펜 한국본부 회원, 한국아동문학가협회 · 한국아동문학회 중앙위원, 한국동시문학회 · 한국아동문예작가회 이사, 경남아동문학회장. 창원대 초빙교수

하 | 영

참 이상합니다

할머니가 나물을 삶으십니다
눈도 귀도 없는 이 미물들아
어서어서 길을 비켜라
혼잣말을 하시며
시금치를 건져낸 뜨거운 물을
하수구에 붓습니다
참 이상합니다.

할머니가 텃밭에서 김을 맵니다
눈도 귀도 없는 이 미물들아
어서어서 도망가거라
또, 혼잣말을 하시며
호미 자루로 밭고랑을 탁탁 친 다음
명아주나 쇠뜨기를 뽑아냅니다
참 이상합니다.

남명문학상 신인상, 마산시문화상, 경남예술인상, 경남아동문학상 수상. 시집 『너 있는 별』 『빙벽 혹은 화엄』 『자귀꽃 세상』 『햇빛소나기 달빛반야』 등, 인도순례기 『천축 일기』, 동시집 『참 이상합니다』. 한국시인협회 · 국제펜클럽 한국본부 회원, 경남문협 · 경남문학관 · 경남아동문학회 · 마산문협 이사

할머니, 할머니!
누구에게 하시는 말씀이셔요?
너무나 궁금해서 여쭤 봅니다
굼벵이나 지렁이에게 하는 말이지
미물들도 함부로 다쳐서는 안 되지

아하, 그렇구나 이제 알았네
이 세상 모든 생명
모두 모두 소중함을

김 | 태 | 두

시골로 이사 간 오리

'히야, 신난다.'

졸졸 흘러가는 시냇물을 본 순간 다섯 마리의 오리들은 화닥닥 쫓아가며 고함을 질러대었습니다. 어딘지 자꾸만 가고 싶었는데 바로 저곳이었군요. 이제는 마음껏 물속에서 놀 수 있겠지요. 곧 물 위로 신나게 동동 떠 헤엄쳐 갑니다.

'우와, 저 애들 요술쟁이가 아냐?'

'응, 물 위로 막 떠가네.'

시냇가에까지 따라왔던 꼬꼬들이 부러운 듯 바라보았습니다.

《경남신문》 신춘문예 동화 당선, 『교육자료』 동시 천료, MBC 장편동화 공모 입선. 경남아동문학회장 역임. 동화집 『세상에서 제일 큰 어항』 외 다수

오리 다섯 마리가 할머니 집까지 오기 전에는 닭장 속에 갇혀 살았습니다. 그것도 어두컴컴한 헛간에다 몰래 혜리 엄마가 키웠답니다. 왜냐하면 혜리 아빠가 싫어하였거던요.

"키워서 잡아먹는 것이 경제적이고, 영양가도 높아요."

"시끄러워요. 키운 오리는 안 먹을 테니까 키울 생각 아예 말아요."

혜리 엄마는 좋은 생각을 버리기 아까웠어요. 그래서 몰래 오리 다섯 마리를 사왔습니다. 모두 메추라기를 닮은 갈색의 털로 덮여 있는 못난이들이었습니다. 그래도 눈망울만은 또록또록하였습니다. 일주일이 넘도록 혜리 엄마는 오리들을 혜리 아빠 몰래 키웠습니다.

"혜리야, 당분간 아빠에게는 절대 비밀이다. 알았지?"

오리를 본 혜리는 기뻤습니다. 학교를 마치면 곧장 집으로 왔습니다. 오리에게 먹이를 주는 일이 재미있었습니다. 오리는 무엇이든 잘 먹었습니다.

"혜리 아빠! 혜리 엄마가 오리 키우는 것 아세요?"

그러나 403호 수다쟁이 아주머니가 입이 간질간질하여 혜리 아빠에게 그만 이야기하고 말았습니다. 아빠는 화가 불같이 나서 당장 빈터 헛간으로 달려갔습니다. 어두컴컴한 곳에 눈이 익자, 오리의 모습들이 나타났어요. 오리를 본 순간 아빠의 화는 스르르 풀어지고, 글쎄 오리들이 안쓰러워졌지 뭐예요. 노란 부리를 치켜세운 오리들은 한쪽 구석으로 몰리며 낯선 손님을 보고 잔뜩 겁을 내었습니다.

"하, 너희들이 병아리냐? 염치 좋게 삐악삐악 운다고 내가 속을 줄 알아!"

그날 저녁 혜리 아빠는 화를 내는 척 혜리 엄마를 노려보았지만, 화는 마음속에 하나도 남아 있지 않았습니다.

"몰래 누가 오리를 키운다는 소문이 들리던데……."

그릇을 씻던 엄마 손길이 멈춰졌어요. 고개를 돌려 아빠를 두려운 얼굴로 바라보다가 아빠의 꼭 다문 입가에 새어 나오는 웃음을 읽었습니다. 엄마는 미안하여 어쩔 줄 모르겠다는 듯 나비처럼 다가와 아빠의 두 손을 살며시 잡았습니다.

"미안해요. 용서해 줘요. 네?"

"용서해 주는 대신 조건이 있어요?"

"무슨 조건?"

"오리들이 있는 곳을 가보니 불쌍해서 못 보아주겠어요. 사람으로 치면 감옥이요 감옥! 당신, 동물 학대 죄로 벌을 받고 싶지 않으면 내 말을 따라요."

"어떻게요?"

"어머니가 사는 곳으로 보냅시다. 가까이 개울도 있으니 오죽 좋소?"

"정말 그렇군요. 내일 당신 출근할 때 차에 싣고 가요."

이래서 오리들은 할머니가 사는 곳으로 옮겨왔습니다.

시냇물 속에는 다슬기도 있고, 송사리 피라미 등 물고기도 있는가 하면 거머리, 지렁이 등 여러 가지 먹이가 흡족하게 많았습니다. 차들이 다니는 다리 밑을 지나서 바다에까지 갔습니다. 바위가 뽐내고 있는 저 위쪽 폭포에도 갔습니다. 엉덩이를 흔들며 뒤뚱뒤뚱 걷다가 물 위를 점잖게 동동 헤엄쳐 갔습니다. 오리들은 아주 행복했습니다.

할머니가 마련해 준 집에 잠을 자고 나서 아침마다 할머니께 인사를 하였습니다.

'삐악삐악. 할머니, 안녕히 주무셨어요?'

"호, 욘석들이 나를 알아보는구나. 자 먹이를 듬뿍 줄게."

할머니는 혼자 쓸쓸했었는데 오리들이 오자 활기가 넘쳤습니다. 논에 갈 때도 오리들이 어디에서 노는지 살펴보곤 하였습니다. 오리들은 물에서 놀다가 삐악거리며 할머니를 아는 체했습니다.

‘우리 할머니, 저기 간다. 삐악삐악.’

할머니는 다른 사람들에게 자랑하였습니다.

“글쎄 우리 오리들이 나를 알아본다니깐.”

할머니가 아침 일찍 일어나 모이 그릇을 담벽에 대고 톡톡 두드리면 저 멀리 놀던 오리들이 날개를 쫙 펴고 재빠르게 달려옵니다.

“한 마리, 두 마리, 세 마리, 네 마리. 다섯 마리.”

날마다 세어보는 것도 재미있었습니다.

무럭무럭 잘 자라던 오리에게 불행이 또 닥쳤습니다.

“이걸 어떡하나! 누가 돌을 던졌군.”

할머니는 바닥에 피를 흘리며 누워 있는 점박이를 보고 깜짝 놀랐습니다.

‘철이가 그랬어요. 우리에게도 돌을 잘 던지거든요.’

꼬꼬들이 일러주었습니다. 할머니는 엄마에게 전화를 하였습니다.

“오리 한 마리가 다리를 다쳤어. 꼼짝도 못해. 지금 집에 데려다 놓았다.”

그래서 엄마와 혜리는 달려갔습니다. 다친 부분에 약을 바르고 붕대를 처매 주었지만, 다친 오리는 일어서지 못하고 입만 딱딱 벌렸습니다.

“얼마나 아파서 저럴까?”

혜리는 그만 눈에 눈물이 글썽글썽하였습니다.

“어머니, 곧 죽을 것 같은데 그만 저 오리를 잡을까요?”

“살이 빠지기 전에 잡아버리는 것이 좋겠다.”

할머니와 어머니가 대화하는 것을 듣던 혜리는 울먹이며 말렸습니다.

“안 되어요. 살아난단 말이에요.”

할머니와 어머니는 서로 눈짓하더니 다음으로 미루었습니다.

토요일이었습니다. 비가 왔지만 혜리는 엄마를 따라 할머니 집으로 갔습니다. 숙제가 있었지만, 아무래도 점박이를 죽일 것 같은 예감이 들었기 때문입니다. 눈을 감고 있던 점박이가 기쁘게도 오늘은 제법 똑똑해졌습니다. 발목이 부러진 쪽을 질질 끌면서 다른 쪽 발로 걸으려고 애를 쓰다가 몸이 나뒹굴어지기도 하였습니다.

"보세요. 점박이가 살아날 것 같아요!"

"정말 그렇군. 어제는 살아나지 않을 것 같더니……."

엄마 얼굴도 밝았습니다. 마당가에서 계속 걸어가려고 애를 쓰는 오리는 비를 온몸에 맞고 있다가 물기를 흔들어 틀어내고 있었습니다.

김 | 현 | 우

아가들아 날아라

오늘따라 들판은 더 푸릅니다. 멀리 보이는 바다도 산도 역시 푸릅니다. 칠월의 불볕이 내리퍼붓고 바람 한 점 없어 긴 목을 내휘두르며 배고파할 아가들이 걱정됩니다.

— 너무 배고파 집을 나가지나 않았을까?

멀리 나가지 말라고 집을 떠나오면서 당부를 했었지만 이제 막 돋아 오르는 짧은 날개를 퍼덕이며 밖으로 나갔는지도 모릅니다.

며칠 전부터 아가들에게 나는 법을 가르치고 있습니다. 아빠 왜가리는 아가들 앞에서 멋지게 날아 보였습니다.

"자 봐라. 아빠처럼 저렇게 날아라. 아가들아!"

경남 창녕 출생. 1964년 월간 『학원』 장편소설 당선. 황우문학상, 경상남도문화상(문학부문), 경남아동문학상 수상. 경남문학관 초대 사무국장, 경남아동문학회 · 창녕문협 회장 등 역임. 한국문협, 한국펜클럽, 한국아동문학인협회, 한국소설가협회 회원.

엄마 왜가리는 아가들에게 아빠의 나는 모습을 자랑하며 배우게 했습니다. 아가들은 짧은 날개를 펴서 서투르게 날아봅니다. 처음에는 두어 번 날갯짓을 하다 맙니다. 그러다 차차 가까운 거리를 날았습니다.

오늘도 엄마 아빠는 한차례 아가들에게 나는 법을 가르친 다음 먹이를 찾아 나온 길입니다.

왜가리 아빠는 날개를 수평으로 벌리고 공중에서 빙글빙글 들판을 내려다봅니다. 오늘따라 들판에는 먹이가 보이지 않습니다. 그 흔한 메뚜기나 개구리조차 어디론가 숨어 버리고 없어 둥지를 나선 지 오래되었지만 아가들에게 갖다 줄 먹이를 구하지 못했습니다. 더구나 이제 아빠의 흉내를 내며 겨우 나는 아가들이 엄마 아빠를 찾아 둥지를 떠날 듯해서 마음이 몹시 바쁩니다.

논두렁에 내려 앉아보니 불그스레한 약병이 수십 개 버려져 있었습니다. 다른 논으로 껑충껑충 앙감질해 갑니다. 거기에는 약봉지들이 누렇게 변한 얼굴로 내팽개쳐 있었습니다. 벼 잎마다 허옇게 분가루를 바르고 있습니다. 그러고 보니 독하고 진한 약냄새가 이곳저곳서 뭉글뭉글 솟고 있었습니다.

— 아아, 이곳도 농약을 쳤구먼. 농약 때문에 친구들이 매일 죽어가는데!

왜가리 아빠는 부르르 몸을 떨며 날아오릅니다. 이제 가볼 만한 자리는 둑 옆 온 들판의 물이 모여드는 큰 도랑입니다. 큰 도랑으로 가보니 거기에는 시뻘건 물이 흐르고 있었습니다. 동네 옆 공장에서부터 폐수가 이리로 흘러오고 있어 지독한 냄새가 풍겼습니다.

— 이곳도 틀렸구먼.

그때 왜가리는 저쪽 풀 더미 속에 뭔가 움직이는 걸 발견했습니다. 왜가리는 단번에 뛰었습니다.

눈 깜짝하는 사이에 왜가리의 발톱 아래 개구리가 눌렸습니다. 개구리가 비명을 치며 고함쳤습니다.

"아이고! 나 죽네!"

왜가리 아빠는 만족해졌습니다. 살이 통통하게 찌고 몸집이 큰 개구리라 아가들이 참 좋아할 먹이였습니다.

"왜가리 아저씨! 날 좀 놓아줘요."

"안 돼!"

"난 아저씨가 아니더라도 죽을 목숨이어요."

"뭐라고?"

"아저씬 모르시죠?"

"뭘 모른단 말이냐?"

"헬리콥터로 이 온 들판에 농약을 좌악 뿌렸단 말예요. 온통 그 냄새 아녜요?"

"그래서 다아 숨어 버렸군."

"숨을 구석이 어딨다구요? 없어요. 헬리콥터는 벼논뿐만 아니라 물도랑, 논둑, 제방, 길에도 농약을 막 퍼부었어요. 그래서 우리 친구들은 다 죽어 버렸어요."

왜가리는 개구리 말이 믿기지 않았어요.

"넌 아직도 기운이 펄펄한 듯한데?"

"나두 마찬가지예요. 지금 내 가슴은 터질 듯해요. 어질어질한 걸 보니 곧 죽을 거예요."

"난 믿을 수 없어. 온 들판에 농약이 뿌려져 개구리나 메뚜기가 모조리 죽다니!"

왜가리는 고개를 모로 꼬며 녀석의 앙당그리는 모양을 내려다보았습니다. 겁에 질려 꾀부리는 것이 아니면 농약 중독이 틀림없었는지 녀석은 벌벌 떨며 죽어가는 시늉을 했습니다.

도랑에 많이 살았던 미꾸라지와 송사리들이 지난해 농약과 공장폐수 때문에 죽어버린 일을 왜가리는 잘 알고 있습니다. 그런데 이제 사람들은 비행기에 농약을 싣고서 들판에 온통 뿌려 모든 생물의 씨를 말릴 작정인 듯합니다.

"사람들은 어리석어요. 우리 개구리들이 얼마나 많이 나쁜 벌레들을 잡아먹는다구요. 차라리 농약을 뿌리지 말고 우리들을 잘 돌봐 줬으면 벼에 병이 없을 거예요."

"그야 그렇지. 우리 새들도 해충을 많이 잡았으니까. 요새는 조심해서 골라 먹어야 한다고."

"날 잡아먹으면 아저씨도 죽어요."

개구리는 애원하며 고통에 몸을 떨고 버둥거렸습니다. 그러나 왜가리는 개구리가 거짓말하며 엄살을 떤다고 생각했습니다. 오랜만에 잡은 먹이라 쉽게 놓아주기가 싫었습니다.

"자, 우리 집으로 가자. 내 귀여운 아가들이 몹시 기다릴 거야."

왜가리는 농약에 중독됐다고 떠드는 개구리의 대가리를 긴 부리로 콱 쪼아 주었습니다.

"이 미련한 왜가리야! 너도 죽어라."

개구리는 악담을 퍼부으며 숨졌습니다. 둥지로 돌아온 왜가리 아빠는 두 마리 아가들이 고스란히 기다리고 있는 게 반가웠습니다. 그 사이 엄마 왜가리가 먹이를 물어다 주고 간 모양이었습니다.

"어이구, 착한 아가들아! 기다리느라 눈알이라도 안 빠졌니? 글쎄, 들판엔 아침녘에 헬리콥터로 농약을 뿌려 먹을 것이 없더라. 까딱 잘못 먹었다가는 농약에 중독돼 죽어요."

개구리를 몇 조각으로 나눠 아가들에게 고루고루 먹였습니다. 조금 마음이 꺼림칙했지만 괜찮을 거라고 생각했습니다.

왜가리는 높이 솟아올라 이번에는 바다로 갑니다. 먹이 사냥으로 배불러졌을 즈음, 이웃 왜가리가 급하게 왔습니다.

"여보게! 속히 가 보게. 자네 집에 난리가 났어."

그래서 급하게 둥지로 돌아갔습니다. 그런데 나는 것을 배우던 귀여운 아가들이 퍼드러져서 허우적거리고 있었습니다. 가느다란 다리를 부들부들 떨면서. 아까 그 개구리처럼.

"개구리를 먹였다죠?"

엄마 왜가리가 울며 어쩔 줄 몰라 했습니다. 아빠 왜가리는 말없이 고개만 끄덕거렸습니다.

아가들은 참하게 날아보지도 못하고 그만 숨을 거뒀습니다.

"날아라. 아가들아!"

"날아라. 아가들아!"

아빠와 엄마 왜가리는 통곡하며 외쳤습니다. 그러나 아가들의 몸은 점점 굳어졌습니다.

이 | 한 | 영

놀개울에 부는 바람

"엄마…, 흑흑!"

동생 재록이의 울음소리에 재갈이는 잠이 깨었습니다.

"으윽!"

무심코 일어나 앉다가, 왼쪽 어깨가 욱신거리는 아픔에 재갈이는 그만 비명을 지르고 말았지요.

"형! 괜찮아?"

재록이가 형 재갈이의 떨어져 나간 어깨를 어루만지며 걱정스럽게 묻자, 재갈이는 아픔을 억지로 참고 재록이의 손을 꼭 쥐었습니다.

"그래, 난 괜찮아. 그런데 넌 한숨도 안 자고 밤새도록 울고만 있었니?"

경남 산청 출생. 아동문예문학상, 경남아동문학상 등 수상. 아동극본집 『꼬마마녀 단불이』 외 3권. 경남문협, 마산문협, 경남아동문학회 회원

재갈이의 말에 재록이는 대답 대신 더욱 서럽게 울기 시작했습니다.

"…흑흑! 형, 이제 우린 어떻게 살아?"

재록이의 울음소리를 들으니, 재갈이는 다시 한 번 어제 일이 선명하게 떠올라 몸을 부르르 떨었습니다.

놀개울은 정말 평화스러운 곳이었습니다. 개울물이 종일 졸졸졸 노래하며 흐르고, 산새들은 즐거워서 빗죵거리며 온 숲 속을 날아다녔지요..

"스르람, 스르람, 씨롱, 씨롱……"

매미 아저씨도 눈만 뜨면 노래를 불러 모두를 즐겁게 해 주었습니다. 가끔 다람쥐가 청설모에게 쫓겨 이 나무 저 나무로 뛰어다니는 모습을 재갈이와 재록이는 물속에서 재미있게 바라보곤 했답니다.

"참 좋은 곳이지?"

엄마가재는 재갈이와 재록이를 데리고 납작한 돌 위에 앉아 나뭇잎 사이로 드러난 파아란 하늘을 올려다보며 소곤거렸습니다. 그럴 때면 둥실 떠가던 흰 구름도 놀개울에 내려와 한참 놀다 가곤 했지요.

"앗! 어서 들어가자, 얘들아."

엄마가재가 재갈이와 재록이를 잡아끌고 급히 돌멩이 아래의 집으로 들어갔습니다. 물뱀 한 마리가 긴 꼬리를 일렁이며 개울물을 가로질러 갔기 때문입니다.

"물뱀을 조심해야 한다. 녀석을 만나면 무조건 도망쳐야 한단다."

엄마가재는 늘 물뱀을 조심하라고 이야기했습니다. 그 외에 놀개울에 살고 있는 다슬기나 소금쟁이, 물매암이, 통사리 등이 모두 다정한 이웃이라고 말했지요.

그런데 어제는 좀 색다른 일이 일어났답니다. 그 조용하고 평화롭기만 하던 놀개울에 여태껏 한 번도 본 적이 없는 커다란 동물들이 네 마리나 나타났거든요.

"사람이다!"

엄마가재가 하얗게 질려서 소리쳤습니다. 엄마가 이렇게 놀라는 것을 본 적이 없는 재갈이와 재록이는 엄마를 빤히 쳐다보았습니다. 그 무서운 물뱀을 봤을 때도 엄마가 이렇게 놀라지는 않았거든요.

"엄마, 사람이 뭐예요?"

재록이가 궁금한 듯 묻자, 겨우 마음을 진정시킨 엄마가재는 이야기를 했습니다.

"저 사람이라는 동물은 물뱀 따위와는 비교할 수 없이 무서운 동물이란다. 지난가을에 너희 아빠를 잡아간 것도 바로 저 사람… 흑!"

엄마가재는 갑자기 설움이 북받쳐 오르는지, 말을 맺지 못한 채 기어이 눈물을 흘리고 말았습니다. 재갈이와 재록이는 그제서야 엄마가 왜 그렇게 놀라는지 이유를 알 것 같았습니다. 엄마가재는 재갈이와 재록이에게 사람이 얼마나 제멋대로인가를 소상히 이야기해 주었지요.

"사람들은 마치 자기네가 이 세상의 주인인 것처럼 행세하며 다른 생물들을 함부로 대한단다."

엄마가 들려주는 이야기는 재갈이와 재록이에게 정말 충격적이었습니다. 사람들은 아무 이유 없이 나뭇가지나 꽃을 꺾기도 하고, 장난으로 다람쥐에게 돌팔매질을 하기도 한다고 했습니다. 아빠가 저 무지막지한 사람들에게 잡혀서 장난감처럼 주물리다가 죽고 말았다는 말을 들었을 때는 정말 사람이 말할 수 없이 미웠습니다.

"못된 사람들 같으니라구!"

재갈이가 작은 집게발가락을 꼭 쥐며 부르르 떨자, 재록이도 따라서 온몸을 부르르 떨었지요.

"오늘은 절대로 밖에 나가지 말아라. 저 사람들이 하는 짓을 보니 하루

종일 이 개울에서 놀 모양이다."

엄마가재는 단단히 재갈이와 재록이에게 주의를 주었습니다. 정말 사람들은 개울가 편편한 곳에 텐트를 치고는 온갖 음식들을 먹어대며 부산하게 떠들어대기 시작했습니다. 얼마나 큰 소리로 떠드는지 매미도 놀라 노래를 멈추고, 다람쥐나 산새는 아예 다른 곳으로 떠나버렸습니다.

이윽고 사람들이 개울물에 들어오더니 첨벙거리며 마구 돌아다녔습니다. 좀 작은 사람을 아이라 부른다고 엄마가재가 일러주었는데, 아이들은 물싸움을 하기도 하고 돌멩이를 이것저것 뒤집어보기도 하며 천방지축으로 날뛰었습니다.

"사람들은 여름이면 꼭 이곳을 찾아와 우리를 괴롭힌단다."

엄마가재는 돌 틈 사이로 빠끔히 밖을 내다보며 재갈이와 재록이에게 소곤거렸습니다.

"여름이 뭔데요?"

아직 여름을 겪은 적이 없는 재록이가 궁금한 듯 묻자, 엄마가재는 여름을 설명했습니다. 온갖 식물들과 곡식과 과일이 무성하게 자라도록, 해님이 열기를 가득 내어 뿜어 온 세상을 뜨겁게 달구는 것이 여름이라고요.

"우리는 항상 물속에 사니까 여름이 이렇게 시원하고 좋은데, 사람들은 더운 여름이 견디기 어려워 이렇게 시원한 계곡을 찾아오지."

"조용히 놀다 가면 서로 좋을 텐데요."

"그래, 그렇게만 한다면 오죽 좋겠니?"

그러던 엄마가재가 갑자기 소리쳤습니다.

"앗! 재갈아, 어서 들어와. 어서!"

아이들이 막 떠들어대는 소리에 호기심이 생긴 재갈이가 반쯤 몸을 내밀고 밖을 내다보고 있었던 것입니다. 엄마가재가 질겁하며 재갈이를 끌어들였지만 이미 때는 늦고 말았습니다.

"야! 가재다."

"어디 어디?"

가재를 발견한 아이들은 신이 나서 돌멩이를 뒤집고는 재갈이를 집어들었습니다. 재갈이는 몸이 붕– 하고 공중에 떠오르자 정신이 아득했습니다. 있는 힘을 다 해서 집게발로 아이의 손가락을 찍어보았지만 별 소용이 없었습니다. 재록이를 데리고 달아나던 엄마가재는 재갈이가 잡히는 것을 보자 다시 돌아섰습니다. 아이들은 더 큰놈이 있다며 좋아서 엄마가재를 잡아 올렸고, 엄마가재는 있는 힘을 다해 아이의 손가락을 찍었습니다.

"아야!"

아이가 엉겁결에 손을 터는 바람에 재갈이는 집게발 하나가 떨어지는 줄도 모르고 간신히 도망쳐 올 수 있었지만, 엄마가재는 기어이 아이들에게 잡혀가고 말았던 것입니다.

"모두가 내 잘못이야."

재갈이는 엄마 말을 듣지 않고 함부로 몸을 내밀어 일이 이렇게 벌어진 것을 후회했지만, 이미 엎질러진 물이었습니다. 떨어져 나간 팔의 아픔보다 엄마가 잡혀간 것이 더 슬프고 가슴 아팠습니다.

놀개울에 다시 아침이 오고 해님이 찾아왔지만, 이제 옛날처럼 즐겁지도 기쁘지도 않았습니다. 즐겁기는커녕 오히려 눈에 보이는 모든 것이 슬프고 쓸쓸했습니다. 평소에는 그렇게 신나던 매미 아저씨의 노랫소리나 산새들의 지저귐도 귓전으로 들렸고요. 다슬기와 물매암이가 찾아와 하는 위로의 말도 모두 귀찮기만 했습니다. 아무리 놀개울이 아름답고 살기 좋아도 엄마가 없으면 헛일이기 때문입니다.

"형, 엄마는 아직 살아 있을까?"

재록이가 눈물을 닦으며 재갈이를 보고 물었습니다.

"그럼! 살아 있고말고. 반드시 엄마는 돌아오실 거야."

재록이를 달래느라 말은 그렇게 해도 엄마가 돌아올 수 없다는 것을 재갈이는 너무도 잘 압니다.

"여태껏 사람에게 잡혀가서 다시 돌아온 생물이 이 놀개울에는 아무도 없었지."

어제 그 난리 뒤에 미꾸라지 영감이 탄식처럼 지껄이던 말입니다.

"아아!"

재갈이는 하나 남은 집게발로 머리를 감싸쥐었습니다. 팔 하나가 떨어져 나간 것 따위는 이제 아무것도 아닙니다. 어떻게 살아가야 할지를 생각하니 막막하기만 합니다. 이유 없이 자신들을 괴롭히는 사람이 밉고 또 미웠습니다. 그러나 지금이라도 엄마만 돌려보내 주면 모든 걸 다 용서해 줄 수 있을 것 같았습니다.

"제발 우리 엄마를 살려 보내 주세요."

재갈이는 작은 손들을 모아 쥐고 영험이 있다는 개울가의 큰 바위를 향해 간절히 빌었습니다. 밤새도록 엄마를 찾으며 울던 재록이는 지쳤는지 옆에서 잠이 들어 있었습니다.

"엄마…"

재록이가 잠꼬대를 했습니다. 동생이 너무 가여워서 재갈이는 재록이의 손을 꼬옥 잡아주었습니다.

그때입니다. 갑자기 두런두런 사람 소리가 들려왔습니다. 재갈이는 바짝 긴장을 하고 돌틈으로 살며시 밖을 내다보았습니다. 옷차림으로 보아 어제 그 두 아이임이 분명했습니다.

"요놈들! 우리 엄마를 잡아간 나쁜 놈들!"

재갈이는 한쪽뿐인 집게발을 움켜쥐고 이를 바드득 갈았습니다. 분명히 또 자기네를 잡으러 왔다는 생각이 들자, 분한 마음과 두려움이 한꺼번에 솟아올랐습니다.

"여기야, 이 개울이 틀림없어!"

"그래, 맞아! 어서 넣어 줘."

왠지 아이들이 하는 짓이 어제와는 좀 다르다는 생각을 하며, 재갈이는 더욱 조심스럽게 아이들의 동정을 살폈습니다. 아이들은 조그마한 통 하나를 들고 있었는데, 개울가에 쪼그리고 앉더니 그 통 속에서 뭔가를 끄집어 내었습니다.

"앗! 엄마다!"

재갈이는 자기 눈을 의심했습니다. 그러나 눈을 비비고 다시 봐도 그건 분명히 엄마였습니다.

'아! 엄마, 엄마가 살아 돌아오시다니!'

재갈이는 이게 혹시 꿈인가 하고 자기 집게발을 비틀어 보았지만, 분명 꿈은 아니었습니다.

"미안하다, 가재야. 잘 살아라."

아이들은 엄마가재를 물속에 놓아주며 말했습니다. 엄마가재는 한동안 정신이 없는지 엉거주춤 물 위에 떠 있더니, 재빠르게 물속으로 헤엄쳐 들어왔습니다. 그것을 본 재갈이가 엄마를 부르며 마구 달려 나왔지요.

"엄마!"

"재갈아!"

엄마는 재갈이를 얼싸안고 너무도 감격하여 계속 눈물만 흘렸습니다. 어느새 깨었는지 재록이도 엄마 품에 안겨서 기뻐 날뛰었습니다.

"저것 봐. 새끼들인가 봐."

"살려주기 잘했다, 그지?"

아이들이 서로 마주보고 웃더니, 팔딱팔딱 뛰어서 사라졌습니다. 그 뒷모습을 엄마가재는 오랫동안 바라보며 고맙다는 듯이 수염을 서너 번 크게 흔들었습니다. 재갈이와 재록이도 엄마를 살려주어 고맙다며 몇 번이고 수염을 흔들었습니다.

"엄마! 어떻게 살아오셨어요?"

"저 아이들이 순순히 엄마를 놓아주던가요?"

"다시는 너희들을 못 보는 줄 알았다."

엄마가재는 꿈이 아니라는 걸 확인하려는 듯, 또 한 번 재갈이와 재록이를 꼭 끌어안았다가 놓으며 그동안 겪은 일을 이야기했습니다.

"처음에는 나를 장난감처럼 가지고 놀았지. 그러다가 자꾸 비실비실 기운을 잃어 가는 나를 보고는 놀라 다시 이곳으로 가지고 왔단다."

"그리 나쁜 아이들은 아닌가 보네요?"

재갈이가 안도의 숨을 몰아쉬며 말하자, 엄마가재도 크게 고개를 끄덕였습니다.

"나도 내내 그 생각을 했다. 어쩌면 이제 사람과도 잘 지낼 수 있을 것 같은 생각이 드는구나."

사람과 잘 지낼 수 있을 것 같다는 말에, 재록이는 물속을 요리조리 돌아다니며 기뻐 날뛰었습니다.

이제 다시 놀개울에 평화와 행복이 찾아왔습니다. 개울물이 다시 졸졸졸 노래하며 흐르고, 산새들은 빗종거리며 온 숲 속을 즐겁게 날아다녔지요. 매미 아저씨의 노랫소리도 한결 더 시원하게 들려왔습니다.

재갈이와 재록이는 엄마와 함께 납작한 돌 위에 올라앉아 나뭇잎 사이로 드러난 파아란 하늘을 올려다보았습니다. 아무리 오래 올려다보아도 싫증이 나지 않는 것은, 흰 구름이 그리는 그림이 너무도 재미있기 때문입니다.

한 줄기 바람이 시원하게 불어와 놀개울 수면 위에 살짝 물결을 일으키고 지나갔습니다. 나뭇가지가 흔들리는 소리에 쳐다보니, 다람쥐가 또 심술궂은 청설모에게 쫓겨 저쪽 나무로 펄쩍 뛰어 달아나고 있었습니다.

"참 좋은 곳이지?"

엄마가재가 돌아보며 소곤거리자, 재갈이와 재록이도 생긋 웃으며 말했습니다.

"네, 엄마. 우리 여기서 오래오래 살아요."

임 | 신 | 행 _ 24줄 동화

팔월의 배 밭에는

풀밭으로 '쿵!' 누렇고 큰 봉지 하나가 떨어졌어요.

"아빠! 배가."

일곱 살배기 현아가 낮달 같은 배를 주워 와 아빠에게 내밀었어요.

"도사리가 되었네, 쯔~ 쯔……"

"도사리가 뭐예요?"

"미처 다 익지 못한 채로 떨어진 과실을 도사리라 하지. 내 욕심이 과했구나."

"욕심요?"

"그래, 배나무는 정성껏 돌보지 않으면서 한 개의 배라도 더 따 돈을 만들 욕심에 눈이 멀었었구나. 이 배나무는 식구가 많아 가을까지 다 함께 못

오월 신인예술상 수석상, 《서울신문》 신춘문예 당선, 2천만원고료 제1회 황금도깨비 대상, 세종아동문학상, 방정환문학상, 대한민국문학상, 민족동화문학상, 최계락아동문학상, 한국불교아동문학상 등 수상. 동화집 『베트남 아이들』 『해저동굴』 『마법의 집』 『아기도깨비가 사는 집』 『초록머리 물떼새』 『골목마다 뜨는 별』 『황룡사 방가지똥』, 시집 『동백꽃 수놓기』 『버리기와 버림받기』 등 많음

가겠으니 이렇게 떨쳐내는 배나무는 얼마나 힘겨웠고, 마음이 아팠겠니?"

이마에 흐르는 팔월의 땀을 문지르며 아버지는 주렁주렁 배 봉지를 매단 연세 많은 배나무를 바라보며 말했어요.

"배나무도 그런 생각할 줄 알아요?"

현아가 단발머리를 갸웃거리며 물었어요.

"알고, 말고. 나무들은 허욕을 부리거나 남의 것을 탐하지 않고 제 푼수를 지키지."

"배나무도 사람과 같네요."

"그럼."

새참을 이고 오는 어머니를 향해 걸음을 옮기며 아버지가 대답했어요.

"엄마! 배가 떨어졌어요."

아버지 뒤를 갑신갑신 걸어가며 현아가 소리쳤어요.

"아까워라. 며칠만 참으면 단물이 다 들어갈 터인데."

어머니가 숨찬 목소리로 말하고는 살짝 주저앉아 아버지가 잘 손질한 배밭을 둘러보고 있었어요.

조 | 평 | 규

아주 작은 개미

산비탈 외딴집에, 할머니 혼자 살고 있었습니다.

날씨가 너무 추워 해님도 구름이불을 뒤집어쓰고 밖으로 나오지 않는 어느 날이었습니다.

개미들은 할머니 방으로 한 마리 두 마리 들어왔습니다.

"에이구 – 불쌍한 것들. 바깥 날씨가 얼마나 추웠으면, 냄새 나는 이 할미 방에……."

할머니는 노란색 장판지에 고물고물 기어 다니는 개미를 지켜보느라고 심심한 줄 몰랐습니다.

벽에 기어 다니는 개미를 보면,

경남 산청 출생. 『새교실』 대상 동화 당선, 『월간문학』 신인상 소년소설 당선. 한국아동문학상, 경남아동문학상, 한하운문학상, 한국불교아동문학상, 영남아동문학상 수상. 동화집 『재미 열 바가지』 『도깨비 처녀 총각』 외 다수, 동시집 『따스한 손』 외. 한국아동문학인협회, 한국문협 회원

"아서라, 그러다가 굴러 떨어질라."

하고, 그 아래에 베개를 갖다 두기도 하였습니다.

뒷산 할아버지 무덤에도 들어가 본 개미들은, 이따금 할머니에게 할아버지 소식도 전해 주었습니다.

"할머니, 할아버진 밥을 안 먹어서 뼈만 하얗게 남았나 봐요. 그러면서도 할머니가 보고 싶은지 뻥 뚫린 눈을 커다랗게 뜨고 있었어요."

가는귀먹은 할머니는, 아주 작은 개미의 소리를 듣지 못했습니다. 그러면서도 밥그릇에 기어오르는 개미를 그냥 두었습니다.

"오냐, 먹어라. 눈에 보이지도 않는 그 작은 입으로, 밥알 한 낱이면 십 년도 더 먹겠다. 내가 너희들한테라도 인심을 써야 영감 곁으로 얼른 가지."

할머니는 개미와 함께 아침 식사를 하는 게 즐거웠습니다.

국그릇에 빠진 개미는, 숟가락총으로 건져 올려 주었습니다.

"쯧쯧, 춥다고 국그릇에 들어가면 어쩌지? 나중에 내 이불 밑에 들어오너라."

아침밥을 먹은 개미들은 할머니 손등에 기어 올라 미끄럼도 탔습니다. 엉덩이에 불이 날 것 같았지만 재미있었습니다.

겨울을 할머니 방에서 보낸 개미들은, 추녀 끝에 매달려 있는 고드름에서, 물방울 떨어지는 소리를 들었습니다.

그런데 할머니 목에 걸려 있는 휴대폰은 아무 소리도 내지 않았습니다. 깜박깜박하던 표시도 사라지고, 할머니 목에서 나오던 가랑가랑 숨소리도 들리지 않았습니다. 개미들은 할머니 곁으로 몰려들었습니다.

"할머니, 일어나서 밖에 나가 보셔요. 땅이 녹았어요."

"……."

"애들아, 할머니가 돌아가셨나 봐. 며칠 전부터 영감, 영감, 하면서 끙끙 앓으시더니."

개미들은 할머니 팔다리를 주무르기도 하고, 손가락을 살짝 깨물어 보기도 하였습니다. 그래도 할머니는 꼼짝도 하지 않았습니다. 어떤 개미는 할머니 콧구멍 속으로 들어가 보았습니다. 숨을 쉴 때마다 흔들리던 코털이 까딱도 하지 않았습니다. 발름발름하던 콧방울도 움직이지 않았습니다.

"돌아가신 게 틀림없어."

"우리들이 할머니 밥을 너무 오랫동안 얻어먹어서 배가 고팠을까?"

개미들은 할머니 주검 앞에 엎드렸습니다.

그때 목소리가 큰 개미 한 마리가 입을 열었습니다.

"할머니가 묻힐 땅속에 들어가서 흙을 부드럽게 해 드리자."

"그래, 뒷산 할아버지 무덤 옆에 묻히시겠지. 할머니께서 할아버지 무덤에 풀 베어 드리는 것 봤잖아. 그곳으로 얼른 가자."

할머니 국그릇에 빠졌던 개미가 앞으로 나섰습니다.

"우리 모두 흙 고르는데 가 버리면, 할머니는 누가 지켜?"

"그래, 나도 남겠어. 할머니 사탕, 내가 제일 많이 핥아먹었거든."

다른 개미들은 문밖으로 나갔습니다. 산들산들 불어 오는 봄바람이, 개미들의 발걸음을 가볍게 해 주었습니다.

뒷산 할아버지 무덤 곁에 다다른 개미들은 땅속으로 들어갔습니다. 그리고는 할머니가 누우실 땅을 고르기 시작하였습니다.

"얼마나 고마운 할머니였는데."

며칠 동안 그 일을 하고 있을 때 할머니 집으로 남자 한 사람이 올라오고 있었습니다.

'왜 휴대폰 연락이 안 되지? 혹시…….'

가쁜 숨을 몰아쉬며 산비탈 할머니 집으로 올라오고 있는 사람은, 할머니의 큰아들이었습니다.

할머니의 주검을 지키고 있던 아주 작은 개미는, 싸늘히 식은 할머니의 손등에 그대로 엎드려 있었습니다.

조 | 현 | 술

까치둥지

마을 뒷산에 아름드리 느티나무 한 그루가 있어요.

그 나무 중간쯤의 가지에 둥그런 까치둥지가 나뭇가지 사이에 단단하게 걸쳐져 있어요. 그 둥지 속에는 까치 두 마리가 사는데, 그 까치들은 마을 아이들에게 하는 일이 많아요. 마을에 제일 먼저 아침을 알려 주고, 반가운 손님이 오는 것을 알려주기도 하고 마을에 기쁜 소식을 알려주기도 해요.

민희가 도회지에 살다가 이 마을에 오게 되었어요. 엄마와 아빠가 다투다가 서로 헤어지는 바람에 외할머니 댁에서 살게 되었거든요. 이 마을에 와서 까치 소리를 듣는 것이 얼마나 좋은지 몰라요

"민희야, 까치가 저렇게 카츠카츠 하고 소리 내어 울면 반가운 손님이 온

경남 함안 출생, 경남대학교 대학원(교육학 박사). 《경향신문》 신춘문예 당선(동화), 『현대시조』 신인상, 『한국수필』 신인상. 경남아동문학상, 마산시문화상 수상. 동화집 『까치골에 뜨는 달』, 『아빠의 기도』, 『모나리자의 눈물』 등 다수. 함안문협 창립 사무국장, 마산문협 회장, 『경남문학』 편집장 역임. 경남문협 부회장

단다.”

민희는 외할머니로부터 그 소리를 듣고 나서부터 자주 이 느티나무 아래로 놀러 오지요. 그 까치 소리가 꼭 엄마의 소식을 물어다 줄 것만 같아서요. 까치의 하얀 머리가 꼭 엄마를 닮은 것 같아 까치 머리를 볼 때마다 민희는 남자 아이 같지 않게 눈시울을 적시곤 했어요.

오늘도 민희가 학교를 마치고 집으로 돌아오는 길에 마을 뒷산에 있는 느티나무 아래로 갔어요.

아, 그런데 큰일 났어요.

마을에서 개구쟁이로 소문난 희만이가 느티나무를 오르고 있어요. 그것도 까치집을 향해서 오르고 있지 않겠어요. 희만이는 개구리 잡기, 가만히 놀고 있는 닭 쫓기, 강아지 혼내주기 등 동네에서 놀부로 별명이 나 있어요.

“안돼. 희만아.”

“짜식이 또 내가 하는 일에 방해야.”

느티나무 아래에까지 달려간 민희는 평소의 민희 같지 않게 소리를 고래고래 지르며 말렸어요. 무서운 아이로 돌변하여 흙과 나무막대기를 희만이에게 던지며 말렸어요.

희만이는 뜻밖에 방해자를 만나자 못 이긴 체 나무에서 내려왔어요. 민희에게 눈을 흘기며 달려들듯 하다가 민희의 무서운 눈초리를 보고는 기가 죽어 슬그머니 꼬리를 내리고 마을로 내려가 버렸어요.

이날부터 민희는 까치둥지가 항상 눈앞에서 사라지지 않았어요. 아침이고 낮이고 시간만 나면 까치둥지 아래로 놀러가서 까치를 살피게 되었어요. 언제 희만이가 까치둥지까지 올라가서 까치를 해칠지 모르기 때문입니다.

민희는 까치둥지 아래에 오면 마음이 편안해지는 것 같아요. 더구나 “카아카아 카츠카츠” 하는 까치 소리를 들으면 금세라도 기쁜 소식이 찾아올 것만 같아서 눈길을 마을로 돌려보아요. 까치 소리를 따라 금세라도 엄마가

예쁜 장남감과 맛있는 과자를 사들고 올 것만 같았기 때문이어요.

그런 까닭에 더욱 까치둥지 아래에 오는지도 몰라요.

희만이도 민희의 눈치를 살피는지 느타나무 멀찍이서 맴돌며 항상 기회만 노리고 있는 것 같아요.

"짜식이, 굴러온 돌이 박힌 돌 뺀다더니만. 덩치가 커서 맞붙어도 내가 안 될 것 같고. 까치둥지 속을 들여다보고 까치를 꼭 잡아보고 싶단 말이야."

희만이도 외로운 것 같아요. 집에 들어가면 아빠가 엄마 찾아오라며 미친 듯이 희만이에게 고함을 질러요. 희만이는 이렇게라도 산과 들을 쏘다녀야만 갑갑함을 견딜 것 같아요. 마을 이곳저곳을 돌아다니며 여자 아이들을 골려주며 장난치는 것도 싫증이 났어요.

'나는 왜 이렇게 남을 괴롭혀야 속이 시원한지 모르겠어. 남을 귀찮게 굴어 친구들이 쩔쩔매는 모습을 보면 재미를 느끼고 깔깔거리고 싶어. 마음속에 응어리진 것이 풀리는 것 같애. 왜 그럴까?'

희만이는 그런 생각을 하다가 기발한 생각이 떠올랐다는 듯이 야호하며 고함을 질렀어요.

"그러면 그렇지 이 마을의 골목대장을 당할 수 있을까."

희만이는 무릎을 치며 빠른 걸음으로 아랫마을 장난감 가게로 갑니다. 희만이의 머릿속에는 까치둥지를 점령하는 일에만 골몰해 있어요.

"그래, 민희 녀석이 학교에 가고 나면 저곳에 가서 여유 있게 까치둥지를 점령하는 거야. 크크크 "

희만이는 가게에 가서 폭죽을 한 움큼 샀어요. 그 폭죽을 몰래 옷 안에 숨겼어요.

마을로 돌아오는 희만이의 머릿속에는 여러 가지 작전으로 마음이 긴장되었어요.

'민희가 학교에 간 후, 느티나무 아래서 까치둥지를 향해서 폭죽을 쏘아 대는거야. 까치가 날아나오면 내가 돌로서 위협하면 까치가 쩔쩔매겠지. 생각만 해도 재미있다, 흐흐흐'

다음 날 아침나절이었어요.

아이들이 학교에 가고 난 마을은 조용해요. 마을이 조용하니 희만이의 마음은 더욱 장난기가 발동합니다. 무엇이라도 일을 저질러야 마음이 후련하니까요.

희만이는 무서운 아빠의 눈을 피해 슬그머니 집에서 나와 느티나무 아래로 조심조심 갔어요.

희만이는 가슴이 콩닥이었어요.

"흐흐흐 예상대로 민희 녀석은 없군. 오늘은 어쩐지 긴장이 되는데. 그러나 이 마을 골목대장이 마음먹은 일을 접을 수 없지."

희만이는 폭죽 다발을 느타나무 아래에 풀어 놓고 그중 하나를 들고 한쪽 눈을 감고 까치둥지를 향해 폭죽을 겨누는 연습을 했어요.

그 작업이 끝나자 작은 돌멩이들을 주워 모았어요. 까치가 폭죽에 놀래서 날아나오면 까치를 향해 돌팔매질을 할 것인가 봐요. 이런 일을 하는 희만이도 긴장이 되는지 씩씩 거렸어요.

이제 모든 준비가 되었는지 희만이가 폭죽을 들고 까치둥지를 향해 눈길을 맞추었어요. 그 순간 느티나무에 커다란 종이 한 장이 붙어 있는 것을 보았어요. 나무에 올라가지 못하도록 둥치를 감싸둔 것 같았어요.

"민희 녀석이 붙여둔 게지. 나를 어떻게 보고 그래, 내가 그 녀석의 설교 같은 것에 꼬여 나무에 올라가지 않을 것 같애. 나쁜 자식."

희만이는 그 종이 쪽지를 신경질적으로 홱 찢듯이 손에 쥐었어요.

희만이는 종이를 던져버리려고 하다가 또박또박 붉은 크레파스로 쓴 글씨가 강하게 눈에 들어와 얼핏 읽었어요.

그 종이에 쓰인 글을 읽고 난 희만이는 웃음도 아니고 울음도 아닌 이상한 표정으로 까치둥지를 올려다보았어요.

까치둥지 속에는 보얀 속털이 나 있는 까치 새끼들이 하얀 부리를 내고 엄마가 먹이 물어오기를 기다리고 있었어요. 까치 새끼의 노란 부리가 길게 목을 빼고 쪽쪽 내어 미는 것 같았어요.

희만이는 들었던 종이를 느티나무 아래에다 홱 집어던져버렸어요. 희만이는 호주머니에 있던 폭죽을 내어 만지작거리며 까치둥지를 바라보았어요. 몇 번을 그러다가 힘없이 땅에다 던져버렸어요 그리고는 발로 밟아 뭉개어 버렸어요.

희만이는 까치둥지에서 부리를 쪽쪽 벌리는 그 노란 부리의 까치 새끼를 바라보고 눈시울이 반짝이었어요. 해님만 그 이슬 같은 눈물 방울을 보았어요.

뒷산 느티나무 아래에는 아기 까치가 '까까까' 하고 설익은 소리로 엄마가 먹이를 물어오도록 기다렸어요.

희만이가 가고 난 뒤에 버려진 종이가 잔디 위에 반듯이 누워 있었어요. 해님이 햇살로 내려와 크레파스로 또박또박 쓴 글을 읽고 있어요

우리 까치둥지 속에는 예쁜 아기 까치가 하얀 속 날개와 예쁘고 노란 부리를 벌리고 엄마 아빠를 기다리고 있어요. -까치 엄마아빠 올림-

최 | 미 | 선

종이배

운동장에 이마가 닿을 듯이 기웃기웃 들여다보기 좋아하는 달맞이산 봉우리가 오늘은 열 걸음 스무 걸음도 더 뒤로 물러난 것처럼 멀게 보입니다.

달맞이산은 때때로 아주 가까이 보이기도 하고 때로는 아주 멀리 뒷걸음질친 것처럼 보이기도 합니다.

달맞이산은 무슨 비밀이라도 가진 것일까요.

강아지 검둥이가 죽던 날, 산골짜기에 검둥이를 묻고 내려왔을 때, 달맞이산은 아주 멀리 보였습니다.

그러나 민수와 철봉에 박쥐처럼 거꾸로 매달릴 때, 철봉에 거꾸로 매달리면 먼저 머리카락이 한올 한올 우산처럼 활짝 펼쳐지지요. 교실이 거꾸로

경남 고성 출생. 《경남신문》 신춘문예, 『아동문예』 문학상, 『아동문학평론』 신인상 당선. 경남문학 우수작품집상, 경남아동문학상 수상. 작품집 『물갈퀴새와 아기공룡』 『가짜 한의사 외삼촌』. 경상대 강사

보이고, 하얀 백엽상도, 장승처럼 키가 큰 은행나무도 거꾸로예요.

그리고 달맞이산 그리메는 아주 가까운 민수의 눈망울에서 작게 비쳐지곤 하였지요.

그런 민수도, 달맞이산도 이제 나에게서 열 걸음 스무 걸음씩 멀어져버린 것일까요.

민수의 눈을 지난 토요일 이후로 가까이에서 보지 못하였습니다. 사슴 같은 민수의 눈망울을 생각하니 또 가슴께가 아파옵니다. 마치 덜 익은 풋감을 삼켰을 때처럼요.

'지금쯤은 과수원 울타리에 달도 많이 열렸을 텐데…'

민수와 나는 가을마다 보름달이 주렁주렁 열리는 곳을 알고 있습니다.

학교 과수원 울타리에 열리는 탱자를 가리켜 민수와 나는 보름달이 씨앗을 마구 뿌린 것이라고 하였습니다.

운동장 한켠에 서 있는 키다리 은행나무에서 노오란 이파리가 나풀나풀 떨어집니다. 은행나무 아래를 지나 교문을 나서자 길가에 나란히 두 줄로 선 플라타너스 나무들이 물끄러미 바라보며 "훈아, 혼자 가니?"라고 묻는 것 같습니다.

플라타너스 길에서 비석거리까지 타박타박 걷는 동안 밀잠자리 두 마리가 친구가 되어 내 어깨 위에 살짝 앉고 머리 위에서 맴돌기도 하고 또 길가의 하얀 들국화에도 내려앉곤 합니다.

비석거리를 지나 말바위 고개까지는 작은 언덕길입니다.

가방 속의 필통에서 '달칵달칵' 연필이 뛰노는 소리를 들으며 한달음에 언덕길을 뛰어오르면 바다가 환하게 내려다보입니다.

나는 가쁜 숨을 뱉고 바다에서 밀려온 짭조롬한 바다 내음을 후욱 들이켭니다.

언덕 위에서는 바닷가의 집들과 배들도 잘 보이고 곰솔 숲속에 자리잡은 충무공 사당도 잘 보입니다. 충무공 사당의 높다란 용마루는 우리 바다를 꼭 지키겠다고 약속하는 것처럼 언제나 의젓하기만 하고요.

'찰싹찰싹' 맑은 노래를 부르기 좋아하는 바다는 그러나 오늘도 또 낮잠에 빠져 있는 것처럼 보입니다. 큰 바다로 나가는 뱃길이 환하게 열려 있지만 뱃길을 뚫고 나가는 배는 한 척도 보이지 않으니까요.

배들은 방파제 안에서 콜콜 잠자고 있을 테고 아버지와 민수 아버지도 다른 일 때문에 바쁘기만 하겠지요.

"휴, 마을이 빨리 조용해져야 할 텐데."

아침에 들었던 어머니의 걱정 소리가 갑자기 생각이 납니다.

"바닷가에 공장 짓는 일 때문이죠?"

내가 좀 아는 척을 해보았지만 어머니는 더 얘기를 해주지 않았습니다. 바닷가의 공장 짓는 일 때문에 마을 어른들이 두 편으로 나뉘어진 것을 나는 조금 알고 있었습니다. 마을회관에 내걸린 깃발 때문이었습니다.

'찬성한다. 찬성한다.'

'반대한다. 반대한다.'

마을회관에 걸린 깃발들은 바람이 불 때마다 요란하게 흔들리며 닭싸움 소리처럼 투드득거렸습니다.

바닷가에 공장을 짓는 일이라면 먼저 바닷가 친구들에게 물어봐야 한다고 나는 말하고 싶었습니다. 꼬마물떼새에게도, 소라고둥에게도, 그리고 바다 속의 먹돌들에게도 말예요.

하지만 어른들은 바닷가 친구들에게는 아예 관심도 없었습니다. 마을어른들은 찬성과 반대, 완전히 두 패로 나뉘어져서 빨간 옷과 파란 옷으로 무장하고 다투기만 했습니다. 아버지와 민수 아버지는 다른 색깔 옷을 입고 있었습니다. 다른 색깔 옷을 입게 된 뒤로 아버지와 민수 아버지는 꼭 서로 적군을 대하는 것 같았습니다. 그런 모습을 볼 때마다 민수와 나도 서로 적

군이 되는 건 아닐까 마음이 마구 흔들렸어요. 아버지는 오늘 아침에도 파란 옷을 입고 어디론가 바삐 나갔습니다.

비석거리에서부터 나를 따라온 밀잠자리 두 마리는 호랑바위에 살짝 앉았습니다. 나는 발소리를 죽여 살금살금 다가가서 가만히 손을 뻗습니다.

손가락 끝이 얇은 잠자리 날개에 마악 닿으려는데 바람이 훅 불어와서 잠자리들을 날려 버립니다.

잠자리들은 사뿐사뿐 날아서 수숫대 사이로 가버렸고 나는 공연히 호랑바위 근처에서 서성거립니다.

까치밥을 손바닥으로 비벼서 입김으로 날려 보내기도 하면서 민수가 촛대바위쯤에 있을까 하고 궁금해집니다.

촛대바위는 가장 좋은 물놀이터였습니다. 촛대바위의 무릎께에서 풍덩 바다로 뛰어들면 동그란 눈알을 굴리며 보던 물새는 방파제 쪽으로 날아가버렸고, 민수와 나는 자맥질, 개구리헤엄 더욱 신이 났습니다. 물결에 밀려온 청각이며 모자반, 해초들이 발목을 살살 간질이고 게고둥은 겁도 없이 고개를 내밀곤 했습니다. 수평선 가까이에서 놀다온 뭉게구름은 운동회 때 보았던 솜사탕이 되었습니다.

자맥질도 지치면 바위에서 해바라기를 하고, 그럴 때면 민수는 나에게 다짐을 하곤 하였습니다.

"너 약속 잊지 않았겠지?"

"잘 기억하고 있다."

나도 자신있게 대꾸하였습니다.

"잊어버리면 안 돼!"

"너도 잊지 마."

민수와 나는 이 다음에 잠수부가 되기로 약속하였습니다. 잠수부가 되어

용궁도 찾아보고, 바다 깊은 곳에 있을 충무공 화살도 찾아보기로 하였습니다.

우리 마을 앞바다는 충무공이 왜적을 크게 이긴 바다입니다. 그 바다 깊은 곳에서 충무공의 화살도 있을 테지요.

그런 날에는 집에 돌아가서 잠 속에서도 바다 꿈을 꾸었습니다. 꿈속에서는 아무리 오랫동안 바다 속을 헤엄쳐 다녀도 숨이 차지 않았습니다.

다시마 수풀을 지나고, 산호초 궁전도 지나고, 먹돔, 놀래미, 제비가자미, 그런 은빛 지느러미 물고기 떼들과 함께 마음껏 바다 속을 헤엄치고 다녔습니다.

어렴풋이 잠이 깨는 새벽녘에는 어둠을 밟고 고기잡이 뱃일을 나가는 아버지의 발자국 소리를 들을 수가 있었습니다.

나는 집에서도 아버지의 뱃일을 넉넉하게 상상할 수가 있었죠. 어둔 바다에 그물을 던지는 일이며, 동쪽하늘에 햇귀가 열리면 바다는 금방 금빛으로 남실거리는 것도요.

밤 동안 수평선 너머에서 멱을 감은 해님이 방싯 떠오를 때 즈음 아버지는 싱싱한 아침 햇살 내음을 그득하게 묻혀서 집으로 돌아왔습니다.

나는 아버지에게서 아침 햇살 내음을 맡으려고 어깨를 크게 들썩이곤 하였습니다. 하지만 아버지에게서 아침 햇살 내음을 맡지 못한 것이 오래되었습니다.

마을회관에 깃발들이 내걸리고부터 아버지는 그 일로 더욱 바쁘기만 하였습니다.

호랑바위 언덕에서 집으로 가려면 마을회관 앞을 지나야 합니다.

지금도 그곳에는 보기 싫은 깃발들이 펄럭이고 있겠지요.

찬성한다! 찬성한다!

반대한다! 반대한다!

깃발들은 공중에 매달려 아우성치듯이 바람에 세차게 흔들리고 있을 테지요.

나는 도망가는 풀무치처럼 수풀 속으로 팔짝 뛰어듭니다. 그 바람에 새 한 마리가 포릉포릉 날아오릅니다. 나는 그 새가 개똥 티티새인가 보다 하고 생각해 봅니다.

산길을 돌아 집으로 가려면 공동묘지 앞을 지나야 합니다. 공동묘지 앞을 지날 때는 언제나 등골이 으스스해지는 기분이 들어요.

지난 토요일의 일이었습니다.

충무공 사당에서 자치기 놀이를 하고 민수와 함께 집으로 돌아오는 길에 마을회관 앞에서 아버지를 만났습니다. 아버지는 나와 민수를 번갈아 보곤 내 팔을 휘어잡았습니다.

"살구나무집 근처에는 아예 가지도 말아, 알겠니!"

살구나무 집은 민수네 집을 말하는 것입니다.

민수가 아버지의 우렁우렁한 목소리를 들었을까봐서 나는 어둠 속에 서 있는 민수를 돌아볼 수가 없었습니다.

아버지 손에 이끌려 집으로 돌아온 날, 나는 바다처럼 밤이 늦도록 잠을 자지 못했습니다.

공동묘지를 다 지나서 산길이 끝나는 곳에는 별네의 고구마밭입니다. 고구마밭 밭이랑에서는 집으로 들어가는 골목이 보입니다. 밭이랑에서 나는 개구리처럼 팔짝 뛰어내립니다.

돌담 골목길을 들어서면 골목 끝의 대문도 없는 집.

어머니는 까만 쥐눈이콩을 고르느라고 마당에 앉아 있다 불쑥 들어서는 나를 봅니다.

"훈아, 왜 이렇게 늦었니?"

"산길로 돌아서 왔어요."

"산길로? 혼자서?"

나는 대답을 삼키고 마루에 가방만 내려놓고 나오려는데 어머니의 혼잣말이 들립니다.

"마을이 빨리 조용해져야 할 텐데."

방파제까지 달려가는 동안 어머니의 혼잣말도 쟁쟁거리며 따라옵니다.

서쪽 하늘에 노을이 엷게 펼쳐지고 방파제 안에는 배들이 콜콜 잠에 빠져 있습니다.

나는 하얗고 작은 종이배를 접어서 빈 바다에 가만히 놓아 보냅니다.

마침 썰물의 물결을 타고 종이배가 바다 가운데로 남실남실 떠나갑니다.

하얀 물새가 뱃길을 안내하는 것처럼 종이배 위에서 맴돌고 있습니다. 종이배는 물결을 헤치고 수평선까지 닿을 수 있을 것 같습니다.

하늘과 맞닿은 수평선까지 말예요. 그렇다면 종이배에 실은 내 소망도 하늘에 가 닿을 수도 있겠죠. 마을이 빨리 조용해졌으면 좋겠다는 소망 말예요. 그러면 민수와 달도 따러가고 철봉에 누가 오래 매달려 있는지 내기도 할 수 있겠지요.

그때입니다.

어디선가 와르르 하는 소리가 들립니다. 나는 깜짝 놀라 방파제에서 몸을 일으키고 잠시 어리둥절해집니다.

소리가 난 쪽은 마을회관입니다. 창문마다 불이 환하게 켜진 마을회관은 마치 꽃이 활짝 핀 것처럼 보입니다. 손뼉을 치는 소리도 들립니다.

아니, 벌써 내 소망이 하늘에 닿은 것일까요.

그렇다면 내일은 바다에서 돌아오는 아버지에게서 아침 햇살 내음을 맡을 수도 있겠네요. 나는 민수와 과수원 울타리에 달을 따러 갈 테예요.

수필

강동규 강수찬 강현순 고동주 공태점
김상환 김열규 김정원 나규영 나순용
노영순 박성남 배대균 배정인 손정란
안순자 양미경 이광수 이동이 이승철
이원기 정목일 차상주 하길남 하종갑
한후남 허숙영 허표영 허학수 황광지

강 | 동 | 규

물의 생명꽃 연꽃이라면 좋겠다

물에서 사는 꽃. 늘 물에서 피는 꽃이 연꽃이다. 연꽃을 꽃으로만 보면 깨끗하고 화려하고 아름답다고 누구나 느낀다. 그게 연꽃이 가지는 특색이고 살아가는 생명의 방식이다. 혹자는 연꽃이 천박한 물에 사는 게 아까울 정도로 아깝게 생각하면서 누추하면서 더 말쑥한 그 아름다운 멋에 감홍을 받는다고 이야기한다. 연꽃이 살아가는 모습이 생명적인 젖줄이 물이고 더불어 살아가는 일생을 더 고귀하고도 천연스럽게 보는 것이 아닐까 싶다.

연꽃은 무리를 이루어 늪지나 습지 같은 곳에 잘 자라난다. 물과 더불어 늘 같이 일생을 살아가고 온 생명을 다 기여해 준다. 피는 꽃도 연한 홍색 백색으로 조화롭고 어느 것 하나라도 버릴 게 없이 다 쓸모가 있다는 것이

경남 함안 출생. 경남문협, 함안문협, 가락문학회 회원. 찻잔 동인. 현재 삼칠농협 칠북지점 근무

다. 그래서 태고의 전설을 간직한 채 믿음으로서 예전부터 존재해 온 세속인들의 자비로움이고 신비로움이 아닐까 싶다. 순결하고 깨끗한 연홍색 연보다 하얀 백색 색깔은 더 호감을 불러일으켜 유람 오는 발길을 송두리째 붙잡고 만다. 그 아름다운 꽃잎에 흠뻑 빠지는 사랑을 주려고 나부끼는 반가움을 보이면서 동심의 화원으로, 소박한 그리움으로 이끄는 것이다. 연꽃이 보내는 화술을 재롱잔치로 받는 기분은 묘하고도 새로울 뿐이다.

연꽃이 자라 긴 연명을 이어가는 일생은 누추하면서 깨끗하게 맑은 물과 다정한 벗으로 친구하는 잠자리이다. 긴 날개를 비행하다 연꽃대에 눌러앉아 파아란 하늘가 구름 보고 잠시 나그네 자리로 쉬어가는 고적한 멋. 연꽃이 동반자 되어 살아가는 자랑이고 동반자이고 싶어 할 것이다.

늪에는 주로 늪지 식물들이 살아간다. 가시연꽃, 물풀, 개구리밥 등이 물속에 생명선을 뿌리내리고 살아간다. 그중 유달리 서민적이면서 온유한 자비로움이 넘쳐 나오는 꽃이 연꽃이다. 꽃잎을 펼쳐 아침에는 해처럼 방긋 웃다가 저녁에는 숨기는 부끄럼쟁이가 되는 꽃이다. 어쩌면 변모하는 모습으로 자연섭리를 이용할 줄 아는 지혜로운 연꽃이 아닐까 싶다. 제자리에 태어나 제 할 일을 다하는 부지런함에서 꽃잎을 마음으로 활짝 열어 보내는 사랑 속삭임이 되는 것이겠지. 무엇을 더 바랄 수가 있을까. 그게 염화시중일까?

사랑을 배우려면 사랑하는 연인과 더불어 연꽃 밭에서 배우면 더 추억 깊은 사랑이 이루어지지 않을까 싶다. 또한 순수하게 나누는 이야기나 속삭임이 행복해지지 않을까 싶다. 멋진 연인이라면 더 좋으련만 아니더라도 좋다. 연인이 감동하는 시야가 연꽃 꽃물결로 펼쳐 보이고 가난해 보이지만 부유스러워 보이는 꽃들이 벙글다 못해 펼쳐 보이는 순간들이 연꽃 무리들의 세상 속이다. 또한 풍족한 여유가 만들어 내는 기다림에는 가을에 맞는 연꽃 사랑 나누기는 동화 속 이야기로서도 충분하다. 연꽃이 말하는 화려하고 수수한 외심을 알고 내비치는 연정을 다정한 느낌으로 받아들인다면 더 바랄 게 없는 인생이 되는 것이 아닐까 싶다.

바람결에 일렁이는 새로운 생명의 꽃물이 피어오른다. 순간순간이 각양각색으로 넓다란 연잎에서 시작하여 하늘 향해 뻗은 연줄기에서 진흙물에 잠겨진 뿌리에서 수수하고도 화사한 꽃을 피워 내는 신비로움 경이감이 숨겨져 있다. 어쩌면 저런 자리에서 저 꽃을 무난하게 잘 피워 내었을까 하는 의구심을 이해해야만 할 것 같다. 진심 나누어 줄 친구도 없는데 연꽃은 나 자신이 모자라도 벗이라도 되어 줄 것 같구나 싶다.

연꽃은 청초함을 간직하기 위해 진흙 같은 더러운 곳에 뿌리를 두고 자라나 제 생명을 깨끗함으로 싹틔워 내는 꽃이다. 그 모습이 아마도 보는 사람으로 하여금 더 순결한 삶과 청순함을 선 보이는 게 아닐까 싶다. 흙에서 왔다가 흙으로 가는 인생. 현실 여건보다 미래를 바라보고 살아가는 연꽃의 인생. 한 줄기 꽃이 되지 못해도 늘 연꽃처럼 의연한 생명으로 살아가야 할 일이다. 그대는 꽃 나는 나비 아니더라도 훗날 다시 꽃으로 피어난다면 물에서 피는 꽃 연꽃이면 좋겠다.

강 | 수 | 찬

진해와 꽃

해양레저 관광휴양도시 진해는 오지랖이 넓은 여인이다. 시루봉은 진해의 어느 곳에서 바라보아도 풍만한 여인의 젖가슴이다. 시인 김일태는 시 「시루봉」에서 "젖배 부른 하늘이 잠시 조는 사이/ 구름 몇 낱 슬쩍 젖무덤 만지다가 가도/ 민망하지 않은/ 곰 같은 산이 있다."라고 노래했다.

시루봉은 이른 아침부터 그 젖무덤을 보고 찾아오는 길손들을 모두 포옹하며 맞이한다. 반듯하게 누워 있는 여인의 젖꼭지에서 내려다보는 진해만은 은물결 반짝이는 치마폭에 숨겨진 옥문玉門이다. 누가 노랫말에 "남자는 배 여자는 항구"라고 하였던가? 속천 부두에서나 안골 선착장에서 거제를 내왕하는 카페리 여객선이 하루 종일 물살을 가르며 들락거려도 간지럼을

경남 마산 출생. 계간 『문학사랑』 등단. 수필집 『추억은 길을 멈추지 않는다』. 한국문협 회원. 한국수필가협회 공영이사, 경상남도문인협회 이사, 진해문협 · 붓꽃문학회 회장

타지 않는다.

확 트인 시야의 다도해는 여느 항만도시와는 대조적으로 가슴팍이 시원함을 느낄 수 있다. 속천에서 소죽도로 가는 해안도로의 중앙에 위치한 진해루는 자궁을 연상케 한다. 새벽에서 밤늦도록 조깅을 즐기는 뭇사람들이 잠시 누각에 올라서 건강한 땀방울을 훔치는 곳이다.

갯벌을 메워서 소죽도를 뭍과 연결하여 에너지환경 과학 공원으로 탈바꿈하였다. 생활쓰레기를 자원으로 만들고 태양열로 전기도 생산한다. 여유로운 공간에는 야외공연장을 마련하여 꽃과 사람들이 함께 어우러져 춤추고 노래하며 즐긴다. 어느 기업보다도 젊고 혈기 왕성한 STX조선소에서는 일 년에 60여 대의 크고 작은 선박들을 출산하여 오대양과 육대주를 누비도록 한다.

꽃은 열매라는 완성품을 얻기 위해 존재하는 과정이다. 인간의 행복은 자연과 가까워져야 한다. 진해에는 소유하지 않고 행복하게 즐길 수 있는 공간이 많다. 젊음의 계절, 7월에 진해에서 피어나는 꽃들을 만나러 벗들과 함께 산길을 나섰다. 운이 좋게도 긴 장마 사이로 아침 햇살이 잠시 비춘다. 웅천의 옛 국도에 있는 조그만 저수지에서 천자봉을 잇는 드림로드의 시작점에 발길을 옮겼다. 갑자기 큰비가 내린 탓에 비탈진 곳에는 토사를 감당하지 못해 흘러내린 자국이 군데군데 있었다.

비탈진 곳에는 번식이 날랜 넝쿨들이 뿌리를 빨리 뻗어 주기를 바라는 마음으로 발길을 옮겼다. 마침 눈앞에는 무성하게 자라고 있는 오동나무를 칡넝쿨이 칭칭 감고 있었다. 칡넝쿨을 원망하고 있는 오동나무가 안쓰러워 휴대한 칼로 줄기의 아랫부분을 잘라주었다. 바람에 나부끼는 넓은 오동잎이 감사의 인사를 하는 것 같았다.

평탄한 길섶에서 자세히 관찰해 보니 번식하는 넝쿨이 여러 종류다. 잎과 줄기에서 닭의 오줌냄새가 난다고 이름이 부쳐진 '계뇨등鷄尿藤'이라는 풀

꽃이 있다. 작고 하얀 등꽃처럼 생긴 계뇨등은 갖가지 독을 풀고 염증을 삭이며 혈액순환을 잘되게 한다. 습기를 없애는 효능도 있다고 한다.

같은 넝쿨과에 속하는 '사위질빵' 은 꽃말의 전설이 재미있다. 옛날 옛적에 장모가 사위 힘들지 말라고 툭툭 잘 끊어지는 사위질빵덩굴로 만든 지게에 짐을 지었다고 한다. 하얀 꽃받침은 4장으로 십자형이고 암술과 수술은 각각 여러 개다. 줄기의 표면에는 잔털이 있다.

만장대에서 천자봉을 오르는 길도 시루봉처럼 목재로 데크 로드를 만들었다. 발아래로 보이는 stx조선소의 골리앗 크레인과 작업 중인 선박의 갑판 위에는 휴일도 잊은 채 기능공들이 개미처럼 바쁘게 움직인다. 예전에는 짧은 거리였지만 경사진 길이라 앞만 보고 올랐다. 지금은 지면보다 높은 위치에서 꽃과 나무들을 새롭게 만날 수 있다.

작달막한 키에 '비짜루' 라는 별난 나무가 있다. 줄기는 둥글지만 모가 나고 많은 가지가 나온다. 잎이 조그만 바늘처럼 생겼다. 노란색 꽃이 잎겨드랑이서 대여섯 송이씩 무리지어 피며 꽃자루는 짧다. 열매는 둥글고 붉게 익는다. 4월에 어린 싹을 나물로 먹거나 꽃꽂이용으로 널리 사용한다.

푸른 하늘에 둥실 떠 있는 뭉게구름을 닮은 조그마한 꽃들이 모여서 하얗게 장관을 이루고 있다. 가까이 가서 자세히 보면 나뭇잎의 모양과 꽃의 생김새가 다르다. 멀리서 바라봐도 푸근한 느낌이 드는 '가막살나무' 와 비슷하게 생긴 '들꿩나무' '쇠 물푸레나무' 가 있다. 모두가 가을이 되어 꽃들이 만발하던 자리에는 붉은 열매가 새콤한 맛으로 새들을 유혹하여 먹이가 되거나 분신의 밀알이 되기도 한다.

천자봉 꼭대기에는 '자귀나무' 한 그루가 비석도 없는 묘역을 지키고 있다. 자귀나무의 꽃은 가지 끝에 분홍색의 긴 수술 여러 개가 우산 모양으로 펼쳐져 있다. 그 화사한 모습이 매우 아름답고 향기도 짙다. 사시사철 꽃으로 장식한 오지랖이 넓은 여인의 치마폭에 파묻혀 사는 나는 참 행복하다.

강 | 현 | 순

그 수련

거실에 놓여 있는 장독 뚜껑에 눈길이 가자 문득 그 수련이 생각난다. 그러니까 벌써 몇 년이 지난 일이다.

어느 여름날, 신문을 펼치니 'ㅂ식물원'에서 재배하는 수련과 연꽃 사진이 실려 있었다. 너무나 예뻐서 눈을 뗄 수가 없었다. 그러다 그 식물원이 우리 집에서 그다지 먼 곳이 아니어서 직접 보러 가기에 이르렀다.

가까스로 찾아간 그곳에는 수련과 연꽃을 시험재배하고 있었는데 수생식물의 종류가 무려 460여 점이라 하였다. 저마다의 고운 색깔과 모습에 넋을 잃고 한참 동안 바라보다가 결국 두 포기를 샀다. 시장에 들러서 커다란 장독 뚜껑도 사고 집 근처 밭에 가서 부드러운 흙을 퍼 와서는 조심스레 심

경남 창원 출생. 1993년 『한국수필』 신인상 등단. 남명문학상신인상, 경남문학상신인상, 경남문협우수작품집상, 한국수필문학상 수상. 한국수필가협회 이사, 경남수필문학회장 역임. 수필집 『좋은 예감』 『세 번째 나무』. 한국수필작가회 · 경남문협 · 창원문협 이사, 『경남문학』 편집위원

었다.

나는 여태까지, 수련이 물속에서 자라는 꽃이라 '水蓮' 인 줄 알았는데 밤에 꽃잎이 접힌다고 '睡蓮' 이란다.

대체로 늦은 시간에 잠자리에 드는 편인 나로선 새벽잠은 언제나 달콤하다. 그럼에도 꽃을 피우는 모습을 보기 위하여 첫새벽에 일어나 수련 앞으로 가다가 하마터면 소리를 지를 뻔하였다. 세상에, 수련이 움직이는 것을 보았던 것이다. 꽃송이가 차츰 벌어질수록 내 눈도 따라 커져갔다. 뿐만 아니었다. 분명 뿌리만 신경 써서 심었는데 언제 그랬는지 널따란 이파리는 지극히 자연스런 모습을 하고 있질 않은가.

평소에 식물을 유심히 관찰해 본 적 없는 나는 눈부신 생명 앞에 그저 떨기만 할 뿐이었다. 순간, 나도 모르게 수련 옆에 있는 또다른 식물을 넌지시 쳐다보았다. '저 꽃나무들도 내가 못 보았을 뿐 움직이겠구나' 싶자 기분이 묘했다.

그때부터 나는 식물에 물을 줄 때면 그들에게 다정하게 속삭이곤 한다. 움직일 줄 아니, 들을 줄 알고, 볼 줄도 알 것 같아 평소에 언행을 조심해야 되겠다는 생각도 들었다.

시든 꽃도 물속으로 모습을 감추고, 열매도 물속에서 맺어 추한 모습을 보이지 않는 진정한 아름다운 꽃! 자신만 곱게 가꿀 뿐 아니라 수질정화까지 하는 수련을 바라보고 있노라니 열심히 살아가면서 어두운 주변을 환히 밝히는 아름다운 자원봉사자가 떠오른다.

어쨌든 우리 집에서 사흘이 지나자 시름시름 앓기 시작하기에 그대로 둘 수 없어 식물원에 도로 갖다 준 그 수련이 잘 자라고 있는지 오늘따라 궁금해진다.

고 | 동 | 주

순리를 어기는 자

이승에 태어난 이상, 언젠가는 죽음을 피할 수 없는 것이 인간이다. 인간뿐만 아니라 생명 있는 모든 것은 그 끝이 있기 마련이지 않던가. 그것은 자연의 순리이기 때문이리라.

그래서 모든 생명은 한 치 어김없이 정해진 순리에 따르는데, 그중에 인간만이 그것을 거부하면서 안달하다가 결국 손아귀에 꽉 쥐고 있던 욕심까지 다 펴놓으면서 떠나고 만다. 그 대신 스스로 목숨을 끊는 자도 있다. 대개 견디기 어려운 고통 때문일 것이라 생각된다.

세상에 널리 알려진 자살사건을 든다면, 먼저 예수 그리스도의 열두 제자

《경남신문》 신춘문예 당선, 『한국수필』 추천완료. 수필집 및 저서 『사랑바라기』 외 9권. 한국문인협회 이사, 한국수필가협회 수석부이사장, 국제PEN클럽 한국본부 경남지역위원회 회장. 민선 1 · 2기 통영시장 역임. 창신대학 통영캠퍼스 담당 학장

가운데 유다가 생각난다. 그는 은銀 30냥에 예수를 판다. 예수를 팔아 십자가에 못 박히게 하고는 양심의 가책을 받아 은銀은 성소에 버리고, 올리브 나무에 목을 매어 자살한다.

또 근세에 이르러서는 미국 버그만의 자살 사건을 들 수 있다. 버그만은 일본 나가사키에 원자탄을 투하하는 원폭기原爆機의 항법사였다. 그는 십만이 넘는 대량인명을 살상한 죄인이라는 심적 갈등 속에 사십 년을 헤매다가 심한 우울증에 걸려 결국 자살을 하고 만다.

위 두 사건을 살펴보면 스승을 팔아서 죽음에 몰아넣었고, 버튼 하나를 눌러 인명을 대량 살상한 죄를 각각 범했다. 그것도 결국 순리를 어긴 셈이다. 너무 큰 순리를 어긴데 대한 사죄謝罪의 뜻으로 자살을 택했으니 명분이 있다고 볼 수 있을지 모른다. 그런데 최근에 우리나라에서 빚어지는 자살은 사죄謝罪보다 탐욕貪慾이 원인이 된 고통을 이기지 못한 자살이 대부분이다. 학교성적이 떨어져도 자살, 가난해도 자살, 외로워도 자살, 빚이 많아도 자살, 사업에 실패해도 자살 등, 견딜 만한 것까지도 이기지 못하는 꼴이다.

삶의 길에 누구나 고통은 있기 마련인데 그것이 자신에게만 있다고 착각하고, 극복하는 길을 찾기 전에 모든 것을 쉽게 포기해버리는 것이 탈이다.

탐욕으로 고통이 왔다면 그 탐욕을 마음에서 조금씩 비워보는 것도 좋은 처방일 것이다. 자신이 가진 것이 얼마간 그대로 만족하도록 힘쓰면 그 고통은 가벼워 질 수도 있는 법.

자신의 처지보다 나은 것만 보지 말고, 자신보다 더 불행한 사람도 이 지구상에는 얼마든지 있다고 생각을 해보면 어떨까.

부자富者와 빈자貧者가 어울려 사는 것도 어쩌면 조화로운 순리라 할 수 있다.

순리는 어느 누구도 거역할 수 없는 존재인 것을…….

누가 세월이 너무 빠르다 하여 중천에 있는 해를 머물게 할 수 있으며, 누가 세월이 너무 길다 하여 동쪽에 있는 해를 서쪽으로 옮겨 놓을 수 있으랴.

지금 당장이라도 병원의 응급실에 가보면 목숨이 경각頃刻에 달린 환자가 얼마든지 있다. 스스로 목숨을 끊지 않아도 죽음은 반드시 찾아오는 법. 태어나고 죽는 것도 순리라면 순종하는 것이 당연한 이치다.

지금은 사라졌지만 옛날 대장간에 가보면 풀무를 놓고 쇳덩이를 고열로 다루어 쇠망치로 두들겨서 쓸모 있는 연장을 만드는 것을 흔히 볼 수 있었다.

내게 온 고통을 잘 두들겨서 견고한 인간으로 거듭나면, 고통이 오기 전보다 더 훌륭해질 수도 있는 법. 이 세상에 위대한 위인 치고 고통의 과정을 거치지 않았던 자가 몇이나 되던가.

사나 죽으나 지나친 탐욕은 인간의 적이다. 자살 순위가 OECD국 중 1위라는 한국병을 치유하는 길은 지나친 탐욕 집착증에서 우선 벗어나는 길이 아닐까.

자살하려는 자들에게 묻고 싶다. '당신이 자살하는 순간, 육신에서 분리되는 영혼은 어디로 가는지 생각해 보았느냐' 고…….

자살은 살인죄 중에 가장 큰 죄인인 것을 모르는 것이 탈이다.

공 | 태 | 점

상처 난 비둘기

엊그제까지 매섭던 겨울 한파가 한차례 지나고 모처럼 볕살이 포근하여 산책길에 나섰다.

비둘기 한 무리가 종종거리며 따스한 햇볕을 찾아 즐기고 있다. 인기척에도 별로 놀라지 않는 것을 보니 모처럼 차지한 양지를 빼앗기고 싶지 않은 모양이다. 가슴 털을 잔뜩 부풀려 세우고 자기들끼리 귓속말로 소곤거리며 서로 신호를 주고받는 천진스런 모습이 귀여워 한참을 지켜보았다.

자세히 보았더니 공해와 위험물이 가득한 도시의 겨울을 지내느라 발가락이며 날개가 상처 투성이인 것이 먼발치에서도 눈에 띈다. 그중 한 마리는 날개와 다리를 많이 다쳤는지 제대로 걷지도, 날지도 못하고 파닥거리고

경남 의령 출생. 『문예한국』 등단. 경남문협, 창원문협, 목향수필문학회 회원

있다. 한쪽 날개가 축 늘어져 땅바닥에 닿았고 발가락 하나는 뭉툭하게 잘려 퉁퉁 부어올라 다른 발가락에 비해 무척 크게 보였다.

다른 비둘기들은 쓰레기통 주위를 맴돌며 부지런히 먹이를 찾아 헤매고 다닌다. 상처 난 비둘기는 무리를 따라가려고 안간힘을 쓰며 날개를 파닥거려 보지만 다시 차디찬 시멘트 바닥에 고꾸라지곤 한다. 흙투성이가 된 날개는 잔뜩 늘어졌고 퉁퉁 부어오른 발가락은 새빨갛게 얼어붙은 것 같다.

안쓰러운 마음에 가까이 다가가니 두려움에 떨고 있는 눈은 충혈된 듯 붉었고, 그 눈에서 금방 눈물이라도 솟을 것처럼 슬픔이 가득한 모습이다. 상처의 고통을 안고 추위와 불안에 떨고 있는 비둘기의 모습을 보면서 '만약 사람이었더라면 어떠했을까' 싶은 생각이 불현듯 들었다. 나로 하여금 보호본능에 동정심까지 자아내게 하여 가던 발길을 되돌리게 만들었다. 상처 난 비둘기에게 약이라도 발라서 보내주고 싶었던 것이다.

비둘기를 검은 봉지에 넣어 집에 데리고 왔다. 평소 잘 쓰지도 않던 약상자를 꺼내 상처부위에 소독을 하고, 쓰다 남은 연고를 바르고 뭉툭하게 잘린 발가락에는 밴드를 감아 주었다. 종이 상자에 헌 신문을 깔고 물과 모이를 넣어 햇볕이 잘 드는 베란다 한쪽에 놓아두었다. 처음엔 눈만 말똥거리며 잘 먹지도, 움직이지도 않아 죽을 것만 같아서 걱정이 되었다. 한나절쯤 지나고 비둘기는 배가 고픈지 바닥에 웅크리고 앉아 모이를 콕콕 쪼고 있었다. 다행히 심하게 다치진 않은 것 같아 안심이 되었다.

상처 입은 비둘기를 치료하면서 많은 생각들이 스쳐가며, 언젠가 보았던 '지선아 사랑해' 라는 이지선 양의 수기가 가슴속에 울려 맴돌았다. 당시 그녀는 명문대학생으로 늘 주위의 부러움을 살 만큼 예뻤던 그야말로 맘껏 푸른 하늘을 날 수 있는 아름다운 한 마리 비둘기였다. 한창 꿈을 키우던 대학 4학년 때 도서관에서 공부를 마치고 오빠와 함께 집으로 돌아가던 중 끔찍스런 사고를 당한다. 신호를 받고 정지선에 멈춰선 그들의 차를 만취상태의 운전자가 들이받고 폭발하는 바람에 전신 55퍼센트 정도의 3도 화상을 입은 것이다. 스무 번이 넘는 수술을 받으며 그가 겪었을 고통은 생각만 해도 몸서리쳐지는 일이다. 사고를 당하기 전후의 사진을 비교하면 그야말로 목불인견目不忍見이다. 날개를 다쳐도 너무 심하게 다친 것이다.

그가 썼던 '지선아 사랑해' 중에 언제 읽어도 눈시울이 뜨거워지며 가슴 저미게 하는 대목이 있다. 잘려진 여덟 개의 손가락을 쓰면서 사람에게 손톱이 얼마나 중요한 것인지 알게 되었고, 1인 10역을 해내는 엄지손가락으로 생활하고 글을 쓰면서 엄지손가락만이라도 온전한데 감사한다고 했다. 눈썹이 없어 무엇이든지 눈으로 들어가는 것을 경험하며, 이 작은 눈썹마저 얼마나 소중한 것인지 알게 되었다고 고백한다. 막대기 같아져버린 오른팔을 쓰면서 왜 관절이 모두 구부러지도록 만들어졌는지 알게 되었고, 온전치 못한 한쪽 귓바퀴 덕분에 귓바퀴라는 게 귀에 물이 들어가지 않도록 정교하게 만들어졌는지 절감했다 한다. 절뚝절뚝 걸으면서 다리가 불편한 이들에게 걷는다는 일 자체가 얼마나 힘든 것인지 느낄 수 있었다고 말했다. 비록 외양은 그럴지라도 누구보다 건강한 마음임을 자부하며 불편한 몸이지만 사회에 봉사하며 공헌할 수 있는 기회를 주신 모든 분께 감사할 뿐이라고 술회한다. 그의 고백은 우리가 왜 살아야 하는가를 깨닫게 하여 가슴 저미게 한다.

사람들은 흔히 남의 고통을 통해서 자신의 상처와 불행을 치료받기도 한다. 틈만 나면 신세타령을 하고 불만이 가득한 사람들도 나보다 훨씬 형편이 어려운 사람을 만나면 안타까워한다. 작은 것이라도 동정해주고 싶은 여유가 생겨난다. 남의 설움을 들으며 내 설움은 별것 아니구나 하는 안도감을 느낀다. 저러고도 사는데 자신의 별것 아닌 상처와 고통이 오히려 쑥스럽고 미안해지기도 하는 것이다.

그 사람 안에 생명이 있다면 살아 있다는 그 자체가 의미 있고 소중한 것이다. 자신의 불행을 긍정적으로 받아들이고 자신만의 삶을 개척해 나가는 지선양의 용기 있는 모습은, 요즘 조그마한 불행을 참지 못하고 생명을 내던지는 무책임한 사람들에게는 좋은 귀감이 된다. 낙심과 좌절, 역경과 고난에 처한 이들에게는 살아 있는 희망이고 소망이다.

다친 날개와 뭉툭하게 잘린 발가락을 하고도 몇 조각 겨울 부스러기를 부지런히 쪼아대던 비둘기가 푸른 하늘로 솟구쳐 날아가고 있다. 육체의 상처나 마음의 상처는 오직 한순간의 불편함일 뿐이다. 살아있는 모든 생명은 소중하고 고귀한 것이기에….

김 | 상 | 환

利他를 위해

계룡산의 맥을 이어받은 좌청룡, 우백호 형상으로 병풍처럼 둘러진 국립 대전현충원, 나라와 겨레를 위해 헌신하신 순국선열과 호국영령이 잠들어 계시는 민족의 성역인 이곳. 옷깃을 여미고 경건한 마음으로 함께 현충문을 들어선다.

입구 좌우에는 호랑이 상이 포효하며 호국영령을 지켜주고 있다.

함안문화원 회원 150여 명이 함께 서서 호국영령과 순국선열의 명복을 기원하며 참배할 땐 하얀 구름이 모여들고 잔잔한 바람이 스친다.

'여기는 민족의 얼이 서린 곳 조국과 함께 영원히 가는 이들 해와 달이 이 언덕을 보호하리라' 헌 시비 앞에서 숙연히 고개가 숙여진다.

진주사범학교, 한국통신대학교 초등교육학과 졸업. 1994년 『수필문학』 등단. 함안문협 회장, 함안예총 지부장, 가야초등학교장 역임. 한국문협, 경남문협, 수필문학추천작가회, 남강문우회 회원. 한국수필문학가협회 이사

군인이 부상을 입은 민간인을 부축하는 모습의 좌측 청동군상은 애족상, 우측 청동군상은 애국상으로 민 · 군이 함께 조국과 겨레를 위하여 신명을 바치는 모습을 각각 표현한 작품이라는 설명을 듣고 다시 한번 조용히 눈여겨 살펴보며 작가에게도 감사한다. 두 천사의 팔에 안겨 승천하는 호국영령을 온 국민이 경건하게 받들고 있는 '승리의 영광' 상을 한참 바라보고 있으니 호국영령을 받들어 모시는 마음이 그간 부족했음을 인식하고 참회한다.

호국영령의 승천을 기원하는 '승천 선녀' 상을 조용히 바라보면서 승천 선녀들과 함께 우리들도 모두 마음속엔 합장으로 그분들의 승천을 기원하며 선녀의 노고에도 깊은 감사의 뜻을 표한다. 그 기단에는 신원을 알 수 없는 용사들의 유골을 모신 봉안당이 있어 애잔한 마음이 젖어온다.

호국영령을 지키고 수호하는 수호신 상을 이리저리 살펴보며 수호신의 노고에도 감사의 마음을 표하니 수호신은 응답하듯 눈을 껌벅인다.

엄숙 경건하고 정적인 국립묘지에 동적인 활력을 불어넣어 호국의 용기와 충성의 의지를 드높이고 있는 호국분수탑의 세찬 물살이 하늘로 치솟고 있다.

잔디밭에 꽃송이로 장식된 묘역에 우리들이 함께 우르르 들어선다. 사랑하는 가족을 찾듯이 흩어져 묘비명을 읽어보며 쓰다듬고 명복을 빌고 있는 마음을 아는 듯 미소 지으며 반기는 듯하다. 묘비 앞엔 아름다운 꽃송이들이 우리들 대신 나날이 영혼들을 위로해주고 있는 헌신적인 노력에 감사의 눈짓을 해본다.

"사랑하는 내 아들아! 목 놓아 불러 봐도 대답이 없구나, 너를 두고 발길이 떨어지지 않구나. 너의 거룩한 희생정신, 애국정신은 영원히 겨레와 함께 남을 것이다" 어머니의 울먹이는 소리가 여기저기서 터지는 듯 가슴을 울렁이게 한다.

사방을 둘러봐도 가로 세로 열을 바르게 서서 너무도 많은 묘비가 넓게 자리 잡고 있구나. 하늘나라 구름 위에서 우리들과 같이 서서 이야기하고 있는 듯 영령들이 살고 있는 나라를 방문해 환영인사를 받고 있는 감격이다. 파란 하늘에 하얀 구름이 흩어져 흐른다. 하늘나라에서 가족을 만나 반갑게 대화를 나누듯 묘지석을 어루만지니 가슴에 담긴 말을 쏟아놓는다. 대화의 소리가 크게 울렁인다. 그분들의 외침 소리가 우렁차게 들린다.

"평화야말로 인류가 나아가야 할 근본의 제일보다" "평화만큼 존귀한 것은 없다. 평화만큼 행복한 것은 없다." "전쟁은 싫다. 귀한 생명을 앗아가는 전쟁은 싫다. 전쟁을 막아다오!"

수만여 명이나 모시고 있는 땅, 살아 숨 쉬고 있는 땅, 가슴이 울렁인다. 이뿐인가. 국립서울현충원은 1955년에 설치되었으나 안장능력이 한계에 달하게 되어 1985년에 이곳이 완공되어 오늘에 이른 것이란다. 삶과 죽음, 죽음이 곧 삶이며 삶이 곧 죽음임을 알 수 있다. 죽음에 대한 두려움이 사라진다. 죽음에 대한 가치관이 달라진다.

연간 방문객이 약 120만 명에 이르는 등 참배객의 발길이 끊어지지 않다니 감사할 일이다. 국가 민족을 위해 희생하신 순국선열과 호국영령, 이타利他를 위해 살다간 이분들의 혼을 만나 보면서 자기 자신의 생명만을 보전하기에도 역부족인 상황에서 안간힘을 다 쓰고 있는 우리들은 그분들의 외침 소리를 귀담아듣고 있다. 존귀한 생명을 지키는 방법은 이타를 위한 작은 일 하나 찾아서 실천하는 것이다. 아직도 이타를 위해 못 다한 일을 찾아서 해야 한다는 마음이 솟는다. 우리 대신 이곳에서 하얀 묘비로 변신해 있는 수만 명의 생명과 그 가족들의 마음을 위로해야 할 우리가 아닌가. 이분들이 생명을 던져주었기에 우린 지금 숨 쉬고 있는 것이다. 자신의 생명은 고귀하다. 그래서 값지게 살아야 한다. 이타를 위한 삶 그게 자기를 위한 삶이다. 바르게 깨닫지 못하고 사는 마음의 때를 씻어 바르게 살아 보고자 하는 마음을 찾는 보람 있는 시간이 되었으면 한다.

우리를 위해 희생한 이분들의 묘비를 만나보면서 삶의 각도를 바르게 수정하는 게 바람직하지 않는가. 이기적인 마음에서 이타利他적인 큰마음으로.

존귀한 것은 생명이다. 이 생명을 호국영령들은 우리 대신 내놓았다. 사방의 수많은 묘비 곁에서 새롭게 생명이 연장된 기분으로 이타를 위한 조그마한 일이라도 찾아서 행동해야 할 사명감이 꿈틀댄다. 행복은 남을 먼저 생각하는 이타심에서 오는 것이 아닌가.

형님 내외분도 이곳에 이장되어 계신다. 군에서 휴가 나온 지 2일 만에 비상소집을 당해 귀대했는데 그게 바로 '6 · 25전쟁' 이었다. 군용트럭에 실려 가는 시체들의 흔들리는 군화를 보고 오신 부모님은 마당에 주저앉아 오열하시던 모습이 찡하게 다가온다. 처남도 외동아들이지만 전사하여 장인 장모님이 눈물로 시간을 보낸 그 상흔이 되살아난다.

자유, 평등, 평화를 원한다. 전쟁 없이 행복하게 살기를 원한다.

김 | 열 | 규

나의 개울, 그 생명의 물줄기

우리 마을의 개울 흘러서 내 목숨 비로소 시작한 건 아니다. 하지만 지금 당장 내 일상의 생활에서 개울은 나의 목숨 줄이다. 내 삶은 개울 따라 틔고, 내 숨통은 개울의 흐름 따라 싱그러울 수 있다.

우리 마을 개울에는 사연이 많다. 높은 골짝에서는 짭짭거린다. 좁은 비탈에서는 재잘댄다. 깊은 늪을 지나갈 때면 웅얼댄다. 바다가 가까워지면 조용조용 수런댄다.

별의별 사연을 별난 입놀림으로 소리 내고 있다. 더러 목다심도 하고 입가심도 하노라고 문득 침묵이 흐르지만 그것도 잠시다. 기복起伏을 달리하고 고저를 번갈아 가면서 또 장단을 달리하면서 사설이며 사연이 이어진다.

경남 고성 출생. 서울대학교 문리과대학, 동 대학원 졸업. 1962년 《조선일보》 신춘문예 평론 등단. 서강대(30년), 인제대(11년), 계명대 석좌(2년) 등 교수 역임. 저서 『독서』(2008년), 『기호로 읽는 한국문화』(2008년), 『엔터테인먼트』(2008년) , 『노년의 즐거움』 외 다수

큰 소리 작은 소리가 서로 남나든다.

나의 삶에는 그 물소리들이 메아리친다. 그 물의 움직임은 내 목숨에 물살을 짓고 파문을 무늬 놓곤 한다.

삶에는 굽이가 많고 고비도 지천이다. 그걸 돌아가고 거쳐 갈 적마다 내 마음에도 물살이 인다. 때로 비탈물이 쏟아지고 웅덩이 물이 조용조용 고이기도 한다. 그것들이 내 사념의 기복을 이루고 내 생각의 동정이 되기도 한다. 생각이며 사념에 끼쳐진 내 목숨의 율격이 되는가 하면 동맥이 되기도 한다.

그래서 내 목숨은 때로 급류가 되어서 거칠게 숨을 토하다가도 이내 도란대는 싱그러움이 되곤 한다. 거품 일으키며 맴돌이를 치다가도 산들바람에도 물살 짓는 고요가 되기도 한다. 그래서 우리 마을 개울은 내 목숨의 반려가 되고는 어깨동무한다.

물론 굽이며 꺾임이 다르고 너비며 경사가 달라지면서 개울은 제각각 제 마음껏 외따로 목청 울리기도 한다. 그러나 그것들은 필경은 하나로 어우러진다. 그들은 교향악을 익히 알고 있을 것이다.

그러기에 개울 들목에 서면, 나도 모르게 아! 소리가 길게 여운을 끈다. 가슴 틔는 탄성이 밖으로 울리면서 온몸 안에 잔잔한 물살이 인다. 개울가에 서면, 개울 따라 걸으면 절로 그렇게 된다. 그것도 예사 개울길이 아니고 비탈진 벼룻길을 개울 따라서 갈 때면 탄성은 더 커지고 더 잦아진다.

도란대는 속삭임에 홀린다. 졸졸대는 가락에 마음이 젖는다. 그런가 하면 이내 콸콸대는 울림이 귓전에서 화방수를 이룬다. 산기슭, 마을 뒤로 해서 개울을 타고 오르면 물소리, 흐름의 울림이 그렇게 달라진다. 자지러지다가, 웅성거리다가 하면 나도 절로 그들과 합창하듯이 혼잣말을 중얼댄다.

'내 삶의 걸음새도 이래야 하느니!'

하지만 돌담, 흙담이 줄지어 선, 동네 안 고샅을 지날 때면, 개울물 소리에는 마을 사람들의 삶의 사연이 물살 짓는다. 메아리친다. 안방의 속살댐이 물골을 타고, 바깥채의 마른기침이 물 바닥을 친다. 그러다가도 언제 그랬느냐는 투로 참소문, 헛소문 주고받는 아낙네 입질이 물보라에 대롱댄다.

그러자면 잊은 듯이 멀리 두고 떠나온, 그 정든 사람들에게 들려 줄 사연들을 바위들 틈에 곱게 낀 파르란 이끼에다 새기고 싶어진다.

'마음이 지척이면 천리 길도 지척이러니!'

종알대는 물살이 내 말을 받아서 이끼에다 옮겨 놓는다.

그 사연 뒤로하고는 걸음을 옮긴다. 물어박지르듯 하는 급류가 멎는 언저리, 거기에는 제법 깊은 웅덩이가 팬다. 작은 늪이 되기도 하고 소沼를 이루기도 한다. 그것도 잠시, 내리 쏟아지는 소란이 이내 침묵하고 만다. 그 급작스런 변심이 조금도 야릇하지 않다. 거칠수록 가라앉기 쉽고, 사나울수록 가만가만해지기 쉬운 그 묘리와 묘법에는 합장하고 고개 숙여 마땅하다. 문득 멀리서 날아드는 흉한 소식, 덮치듯이 달려드는 다급한 소식, 그것들에 엄습당하고도 내 마음에도 깊숙한 웅덩이가 고요하게 무겁게 괸 적이 있을까?

세상 숨은 듯이 사는 곳이기에, 먼 곳 바깥세상의 친한 사람들의 소식이 더 한층 크게 울릴 적마다, 그래서 내 마음의 메아리가 크게 소스라칠 적마다, 내가 여기 깊으나 깊은 웅덩이 짙푸른 물가에 죽치고 앉은 보람은 뭐였을까?

틈틈이 창포가 문득문득 무리지어서 우거진 그 언저리, 개울은 제법 깊은 골물이 된다. 그 바닥의 세모래 밭에는 지렁이며 잠자리 애벌레들이 기어다닌, 자국이 선명하다.

아기자기 서로 얽히다가는, 서로 몰라보는 듯이 외돌아지는 몇 가닥의 줄무늬들! 함께 어울리자면 얼마큼은 거리가 있어야 하는 그 이치, 상거相距를 웬만큼 둔 이상은 그 여세로 서로 손잡아야 한다는 그 선문線紋들의 이치!

나와 이웃 사이, 남들 사이도 삼가 그랬으면 싶다.

도시 한바닥에 멀리 두고 온 친지들, 친구들 그리고 식솔들과 나 사이에 나는 저 물 바닥의 줄무늬를 닮은 어떤 연줄을 지키고 있는 걸까? 궁금하다. 집에 가는 길로 나는 그들 누구에겐가 전화를 걸 것이다.

초의 선사께서는 차를 진수眞水라고 했던가? 차가 참다운 물이라고 한 것 같은데, 내게는 우리 마을 개울이 내 삶을 위해서 그러기를 바라고 싶다. 참되어서 맑고 맑아서 참된 물의 심성이 내 마음에 그늘이라도 던져 주기 바라고 싶다.

개울 바닥에 내리선다. 물에 손을 담근다. 우선 이마를 물기로 적신다. 차갑다. 시원하다. 그리곤 두 손바닥에 나는 내 나름으로 진수를 받아서 마신다. '홀짝!' 마음에도 진수가 흐르게 해야 할 테지만 그건 내게 쉬울 수는 없다.

나로서는 다만 입술 축이고 목 안 적시는 걸로 고작이다. 그게 나의 진수 찾기, 진수 구하기다. 오늘도 바야흐로 해거름 때, 목을 적시다만 나의 진수 떠가서 차 한 잔 다릴 것이다. 내 마음에 개울의 여운이 흐를 것이다. 내 생명에 진수의 물살이 고일 것이다.

김 | 정 | 원

산다는 것, 그것은 축복입니다

어느 해 봄날 안개 짙은 이른 새벽녘이었다. 실내의 마이크를 통하여 사람이 죽어 있으니 나와서 확인해 보라는 방송에 온 식구가 잠을 깼다. 우리 동의 15층 옥상에서 떨어진 줄 알고 경비원이 알려 왔다. 겁이 많기로 유명한 나는 현장을 보지 않으려 했으나 사실보다 더 험한 장면을 두고두고 상상할 것 같아 뒷 베란다의 문을 열고 내다보고 말았다. 깨끗한 흰 상의에 머리를 풀어헤치고 옆으로 잠든 듯이 누워 있었다. 윗옷의 점퍼 사이로 바람이 가득 들어 부력으로 살포시 떨어져 외상은 없었다. 경비원이 야근을 끝내고 경비실 앞에서 가벼운 운동으로 몸을 풀고 있는데 옆에서 퍽 하는 소리에 놀라 돌아보니 사람이 막 떨어졌다는 것이다. 나중에 알게 된 일이지

『수필문학』 등단. 『문학공간』 본상 수상. 저서 『노래하는 람보』. 경남문협, 진주문협, 경남수필문학회, 진주여성문학회 회원

만 유복한 가정에 태어난 여대생으로 꽃다운 나이에 스스로 목숨을 끊었다는 것은 동정심보다 불쾌감이 앞섰다. 귀한 목숨을 경시하는 이와 같은 만용이 썩어가는 현실의 한 단면을 보는 것 같아서 가슴이 아팠다.

사람 하나 죽어간 일에 너무나 무감각한 가족들은 각각의 방으로 들어가 버리고, 서두를 것 없는 아침 준비를 제쳐둔 채, 죽음의 공포에 빠져 오랫동안 충격에서 헤어나지 못했다. 낮에도 넓은 집에 혼자 있기가 무서워 남의 집을 전전하며 해가 지면 갈 곳이 없어 서성이고, 도서관엘 가도 딱딱한 의자에 몇 시간을 보내지 못한 채, 귀가가 늦은 가족들을 원망했었다. 엘리베이터를 타고 내려오던 중 중간에서 문이 스르르 열리면 기절할 듯하여 타려는 사람까지 놀라게 했다. 상자 같은 공간에 나 혼자 있다는 것이 무서웠다. 보름쯤 후 마침 큰아이가 제대를 하여 복학 준비 겸 집에 있게 되었다. 더욱 어른스러워진 아이는 극도로 심약해진 어미를 위해 다시금 집안의 보호병 처지가 되었다. 제대 후라 만나고 싶은 친구가 오죽 많을까마는 외출도 잠깐일 뿐 약속된 시간에 경비실에서 만나 같이 들어오곤 했다. 이런 나를 두고 어떤 이는 말했다.

'죽은 영혼이 불쌍하다고 생각해 보세요. 좀 나을 거예요.'

심장이 약해지면 그럴 수도 있다고 해서 녹용을 써 보기도 했다.

그해 여름이 절반쯤 지난 후에야 안정을 찾게 되었지만 역시 잊을 수 없는 사건이었다.

불교에서는 내세가 있다고 주장한다. 그러면 인생이란 전생에서 내생으로 가는 긴 여행길에서 잠깐 쉬었다 가는 정거장이라고 할까. 현생이라는 지점에서 인간은 끊임없이 미래나 죽음에 대해 생각한다. 수시로 다가오는 나의 죽음에 대한 나이 탓일까.

내가 젊었을 때 꼭 이와 같은 주검을 본 적이 있었다. 그때는 죽음에 대한 깊은 의식이 없어서였을까. 모두들 무서워 어찌할 바를 모르는데 나는 헌 담요를 갖다 덮어 주면서 그의 잠든 모습을 가까이 볼 수 있었다. 그 사이 영혼은 날아가 버리고 이 찬란한 햇빛도, 맛있는 음식도, 아름다운 사랑도 나눠보지 못하고 빈 껍질만 남아 있구나 하는 생각에 내가 살아 있음을 얼마나 감사했던가. 이승에서 동물이나 식물이 아닌 인간으로 선택받아 태어난 몸, 이 생명이 다하는 날까지 힘차게 살아야 한다면서 나의 생을 예찬하며 아끼게 된 계기가 되었다.

나의 젊은 시절을 돌이켜보면 어느 철학자처럼 죽음이란 아름다운 것이라며 극찬을 하던 때도 있었다. 혈액형이 AB형인 나는 다분히 염세적이기도 하여서 그때의 상황에 따라 꽤 변태적이기도 했다. 감성이 예민하여 극에서 극으로 달린다고 해석을 해야 할지. 극락과 지옥세계는 평화로운 지구촌을 만들기 위해 설정해 놓은 형이상학일 뿐 저승과 이승을 인정할 수 없는, 지금이라는 순간만 있을 뿐이라는 생각을 했었다. 그래서 길게 살면 뭣하랴 짧게라도 화끈하게 살고자 했었다. 그러나 아이가 하나 둘 생기면서 책임감을 갖게 되었고 여자의 소명이 무엇인가를 알게 되었을 때, 가치 없는 죽음이란 타의에 의해서 죽임을 당하는 짐승의 죽음과 다를 바 없다는 소견이 들게 되었다.

한번뿐인 죽음을 맞아 의롭게 죽을 일이다. 쌍가락지 끼고 왜장과 함께 간 논개나, 거룩한 죽음을 한 잔다르크처럼 의로운 죽음은 못할지라도, 자기의 죽음에 책임은 져야 하리라.

누가 알랴. 길을 가다가 한치 앞을 알 수 없는 현실이기에 마음은 언제나 죽음의 준비를 하고 있어야 하지 않을까.

11월도 중순으로 접어든 때, 양지쪽 베란다에 받아 둔 맑은 물에 손을 담가 본다. 물결에 흔들리는 또 하나의 얼굴을 들여다보며 신은 실제로 존재하고 있어서 직접적인 간섭을 하는 것일까. 부처의 말씀대로 인간 정신이 바로 불성인가. 이런 의문을 품으면서 또 하나의 자아를 찾게 된다.

생명의 신비. 내가 어떻게 태어났으며 전생에는 무엇이었을까. 다가올 내세를 위해 이승에서는 참으로 깨끗이 살아야 하리니 이 외경스러운 엄숙함에서 함부로 할 수 없는 나의 인생이기에 더욱 더 축복받으며 살아야 하는 게 아닐지.

나 | 규 | 영

흐르는 길

호수에 담긴 물이 줄었다. 지난 장마철에는 호수 위쪽의 계곡에서 내려오는 물로 호수가 한가득하였었는데 지금은 계곡도 말라 있다. 물가에 소담스럽게 피어 있던 수국꽃도 얼굴이 많이 상했다. 여름이 끝나가는 것이다. 엊그제 처서處暑 들고, 호수 위를 가볍게 나는 고추잠자리 날개가 투명하다.

호수의 옆을 돌아서 천자암天子庵으로 올라가는 길의 초입에 들어선다. 등짝이 따끔따끔하다. 고개를 들어 올려보니 푸른 하늘이 들판처럼 드넓은데 창공에 우뚝 솟은 붉은 태양이 사뭇 의연하다. 빗살무늬를 그으며 쏟아지는 한낮 햇살이 기세도 당당하다. 가지를 사방으로 늘어뜨린 오래된 벚나무가 양옆으로 늘어서 있는 길 가운데를 지나니 산들바람이 상큼하다. 이참

경남 진해 출생. 경남문학 신인상 소설 등단. 진해문인협회장 역임. 경남문인협회 · 진해문인협회 회원.

에서 한숨을 돌리고 양손에 나눠 쥔 스틱에 힘을 주며 다시 길을 오른다.

저만치 이층 별장 집인데, 오늘도 아니나 다를까, 집 안의 마당에서 뛰어 놀고 있던 두 마리 강아지가 인기척을 느끼고는 출입문 앞, 길가로 뛰어나와 미리 기다리고 서 있다. 마치 자신의 주인집 옆으로 지나가는 등산객을 강제 검문이라도 하겠다는 태세이다. 주먹만 한 녀석들이 곧추선 두 귀가 덩치에 어울리지 않게 큰 것이, 살집도 적어 도통 복스러운 데라곤 없는데 결코 만만하지가 않다. 얼마나 지악스러운지 백여 미터나 뒤쫓아 오면서 연신 짖어댄다. 그런데 요즈음은 얼굴을 익혔는지 나에게는 조금 관대한 편이다. 몇 번 짖다가는, '구면이구먼' 하는 표정으로 멀뚱히 쳐다만 보고는 무사통과시켜 준다.

무릎 관절이 상한 다리를 오르막길에 조심스럽게 앞으로 내디디며 드디어 임도林道에 올라선다. 가쁜 숨을 몰아쉬며 그 자리에 서서 비로소 고개를 드니 바로 눈높이쯤에 천자암이다. 암자庵子라는 간판이 송구스러울 정도로 우람한 건물이 떡하니 버티고 서 있다. 그 위에 이마 높이쯤으로 보면, 저 멀리 능선 한가운데에 천자암을 보위保衛하는 형세로 깎아지른 천자봉이 천자암을 내려다보며 푸른 가을 하늘을 배경으로 하여 위엄스럽게 버티고 서 있다.

팍팍해진 두 다리가 무지근하다. 나는 길가의 땅바닥에 아무렇게나 털썩 주저앉는다. 좌우로 길게 이어져 있는 숲길을 말없이 바라본다. 숲길은 산허리를 에돌아 흘러가는 물길처럼 숲 속으로 사라지며 그 흐름을 감춘다.

남쪽 길로 걸어가면 진해에서 부산으로 넘어 가는 도로와 길의 끝이 만나게 된다. 그쪽 길은 도심과는 반대 방향으로 등산객들의 발걸음이 뜸해 한적한 편이다. 길 양옆에 심어 놓은 관목들이 지난 장마철에 웃자라서 함부로 우거지고 키 큰 나무들도 공중에서 서로 마주보며 손을 맞잡을 기세여서 한낮에도 왠지 음침한 느낌이 든다. 길바닥도 흙이 패여 나가서 솟아난 돌

부리가 성가시게 발에 걸린다. 그래도 나는 호젓한 이 길을 사랑한다. 인적이 드물어 아무에게도 방해받지 않고 가만가만 산소리를 들으며 홀로 걸어가는 그 길이 좋다.

반대편, 북쪽으로 걸어가면 창원으로 넘어가는 안민고개와 서로 만난다. 그쪽 길은 시내 쪽에서 올라오는 등산객들의 발길이 끊이지 않아 외로울 틈조차 없다. 길 사이사이에 쉼터와 같은 편의시설이 잘 갖추어져 있고 숲길도 사람들의 발길로 반질반질하니 상태가 좋다. 요즈음은 인근 창원이며 부산까지 진해 숲길에 대한 소문이 나서 그런 외지에서까지 찾아오는 등산객들이 꽤 있는 눈치다.

도시 배후에 이런 좋은 산이 있다는 것은 축복받은 일이다. 산허리를 가로지르고 오르락내리락 삼십 리 길을 걸어가며, 키 큰 편백나무가 울창하게 우거져 있는 삼림욕장을 지나고, 작은 새들이 깃들여 노래하는 벚꽃나무 숲에서 쉬고, 개나리 철쭉 조팝나무 병꽃나무 황매화 등등 계절마다 온갖 꽃들이 피어나는 아름다운 꽃길을 지나간다. 그 길에서 나무들이 뿜어내는 청정한 기운으로 심신을 말끔히 씻고 사랑스런 요정들의 노랫소리에 귀 기울이고 아름다운 꽃들의 미소를 받으면 피로도 마냥 달콤하다. 발치 아래에 펼쳐져 있는 저 아름다운 작은 도시에는 항상 맑은 가을날 새벽의 청량한 기운이 감돌고 있다. 도시 앞 다도해多島海의 눈부신 풍광은 또 얼마나 다채로운가!

나는 스틱을 의지하여 다시 자리에서 일어난다. 바위산 모롱이를 돌아나가는 양편 숲길을 그윽한 시선으로 번갈아 바라본다. 이때면 늘 마음속에 약간의 갈등이 일어난다. 나무 그림자가 짙게 드리워져 음울해 보이는 남쪽 길을 잠시 바라보다, 나는 반대편으로 몸을 돌린다. 오늘은 북쪽 길을 타기로 작정한다.

시내 쪽을 바라보며 북쪽 숲길를 걸어가면 적적하지가 않다. 외로움은 일

부러라도 마음에 와 닿지 않는다. 이 길에서는 여러 사람들을 자주 만난다. 걸어가는 사람, 뛰어가는 사람, 자전거 타고 가는 사람, 간혹 말 타고 가는 사람도 만난다. 내가 평생 직장이던 학교를 신병身病으로 명예퇴직하고 난 뒤, 가까이에 옛 근무지가 있는데도 일 년 가까이나 동료들을 만나지 못하다가 최근 이 산길을 다니고부터 몇 사람이나 조우遭遇했다. 산길에서 만나는 사람들은 아무 말없이 그냥 스치기도 하고 간혹 간단한 인사를 주고받기도 한다.

나는 흐르는 길 위에 서 있다. 마치 흐르는 물길에 몸을 맡기듯 숲길을 걸어간다. 인생을 달관한 사람처럼 숲길에서 근심 걱정을 잊는다. 울적한 마음이 들 때면, 나는 사람들이 많이 다니고 사람 사는 도회의 풍경이 유쾌한 상상을 불러일으키는 북쪽 길을 걷는다. 그러나 마음의 상태가 물결처럼 잔잔하고 나의 영혼이 평화로울 때면, 남쪽 길을 걸어간다. 고성古城에서 홀로 신과 마주하는 수도사처럼 절대고독과 대면하는 것이 결코 두렵지 않다. 오랜 투병 생활로 지금 나의 육체와 영혼은 몹시 지쳐 있다. 그러나 나는 즐거운 길에서 희망을 만난다. 사람들이 잘 가지 않는 고적한 길에서는 고독한 내 영혼은 오히려 견고해진다.

오늘은 자은천 쉼터까지 걸어가기로 작정한다. 천자암 앞에서 느린 내 걸음으로 쉬엄쉬엄 가면 사십여 분가량 소요된다. 가다가 서다가 하며, 물결로 길게 흰 뱃길을 만들어 놓고 떠나는 저 바다 이국선異國船을 눈짓으로 배웅하기도 하고, 숲속의 새소리도 듣고, 시원한 바람의 감촉을 느껴보기도 하고, 오리나무 상수리나무 단풍나무 산복숭아 나무… 길가 나무들의 이름을 하나씩 정겹게 불러주기도 한다.

자은천 쉼터에서는 편백나무 숲 사이에 마련해 놓은 나무 침상 위에 누워 푸른 하늘과 마주하고 싶다.

나 | 순 | 용

산소 다녀오는 길

때늦은 여름휴가를 했다. 그동안 업무에 지쳐 있어 건강이 좋지 않아 휴가가 꼭 필요했다. 검진과 치료를 받다보니 건강에 자신이 없어진다. 쉬고 싶을 때, 아플 때 제대로 대처하지 못했으니 당연한 결과일지 모른다. 약 기운에 취해 누워 생각하니 참 많이 살았다는 생각이 든다. 자꾸 처지는 마음을 다잡을 겸해서 오랜만에 아버지 산소에 가보기로 했다. 그리 멀지 않은 인근 지역인데도 올해는 가보지 못했다. 혼자 운전을 해서 갈 수 있는 거리도 아니고, 산속을 혼자 다닐 만큼 무서움이 없는 것도 아니다. 아버지를 만나러 가는 길가에는 이제 여름 꽃이 된 코스모스가 한가롭다. 산길을 따라 오르는 길을 누군가 먼저 다녀갔는지 뻗어 나온 곁가지들이며 풀들이 널브

1998년 『문학21』 신인상. 진해문협 회장 역임. 한국문협 · 경남문협 회원, 진해문협 이사. 진해시 병암동장

러져 있다. 사람의 발길이 많이 닿지 않는 곳이니 오죽할까. 올라가는 중간쯤에 있는 어느 산소 주변이 말끔하게 정리되어 있다. 여기 누우신 분의 자손이 올라오는 길을 손본 것 같다. 고마운 마음으로 한참을 더 올라갔다. 할아버지와 할머니, 아버지가 잠드신 선영 주변에는 이름 모를 잡초들과 아카시아가 무성하게 뒤덮고 있다. 해마다 제초작업도 하고 성묘를 하는 데도 잡초들은 왜 이리 많은지 대책이 없다. 남편은 넝쿨을 걷어내고 주변에 불쑥 자란 아카시아를 땀을 뻘뻘 흘리며 뽑았다. 가져온 과일과 술을 놓고 절을 올렸다. 자식들 잘 지켜달라며 술을 뿌린다. 얼마나 이기적인지 자신이 문득 부끄러워졌다. 앞으로 언제까지 이곳을 찾아올 수 있으며, 또 이곳이 보존될 수 있을까. 무성한 잡초 속에 저리 누워 있으면 어떨까 하는 생각에 마음이 착잡했다.

장묘문화는 나라마다 지역마다 차이가 난다. 매장의 풍습은 죽어서도 자신을 기억해 주기를 바라는 마음에서이거나, 살아 있는 사람이 죽은 이후에도 아름다웠던 일들을 기억하고 싶은 마음에서 비롯되었을 것 같다. 시대가 변화하면서 산소를 찾고 성묘를 하는 모습들도 점점 바뀌고 있다. 시간과 장소의 제약 때문에 다른 사람에게 벌초를 부탁하고 또 대행업이 생기고 있다. 최근에 장묘문화에 대한 국민의식이 많이 바뀌고 있다. 국민 열 명 중 일곱 명은 화장을 원한다는 조사결과를 보았다. 바람직한 변화라는 생각이 든다. 산야가 봉분으로 가득한 것을 상상하는 것은 끔찍한 일이다.

사람이 한평생을 살면서 사회를 위해 아니면 타인을 위해 도움이 된다면 참으로 의미 있는 일이다. 미처 그리 살지 못했더라도 죽음을 앞두고 할 수 있는 방법의 하나가 화장을 선택하는 일이다. 그렇잖아도 좁디좁은 국토인데 내 한 몸이라도 바람처럼 물처럼 이 세상에 흔적 없이 스며듦이 어떨까 싶다. 땅속에 묻혀서 스며듦이나 깨끗이 태워져 스며듦이나 결국은 같은 길이 아닌던가. 그전에 할 수 있는 일이 한 가지 더 있다. 장기 기증을 하는 일이다. 요즘 사회 저명인사의 장기 기증 소식이 제법 자주 들려온다. 마치 연못의 물결처럼 그 파문은 조용하게 우리 사회에 좋은 영향을 미치고 있다. 장기 기증이 쉽지 않은 일이지만 결코 어려운 일만도 아니다. 무엇보다도 본인의 의사가 가장 중요하지만 우리의 문화상 가족들과 충분한 합의를 한다면 더할 나위 없겠다. 이것은 앞으로 내가 해야 할 일이기도 하다. 죽음은 작은 우주였던 내 육체와 영혼이 대우주 속으로 각각 흩어져 본래의 자리로 돌아가는 일이다. 사라지지만 사라지지 않는다. 사라지고 없을 그 다음의 세계가 두려워서 비롯된 매장문화라면 나를 또 다른 나로 태어나게 하는 장기기증이야말로 그 두려움에서 벗어나게 할 수 있는 아름다운 결단이 아닌가 한다.

노 | 영 | 순

생명의 힘

북간도로 가는 유랑민이 쉬었다 가는 마을에 주인 잃은 개가 나타난다. 사람들은 그 개를 신둥이라 불렀다. 신둥이는 흰둥이의 사투리다. 마을 사람들이 신둥이를 미친 개로 여겨 죽이려 할 때 간난이 할아버지가 몰래 구해준다. 신둥이는 홑몸이 아니었던 것이다. 지금 목넘이 마을의 개들은 모두 그때 신둥이가 낳았던 새끼들의 후손들이다. 온갖 박해를 받으나 생명의 외경심을 가진 간난이 할아버지로 인해 신둥이의 핏줄은 지금까지 이어져 내려오고 있는 것이다. 이것은 황순원의 소설 「목넘이 마을의 개」 줄거리다.

어린 시절 나의 고향집에서는 개를 유난히 많이 키웠다. 모두 흰 진돗개

전남 함평 출생. 1996년 『경남문학』 신인상, 1997년 『한국수필』 신인상 당선. 한국수필작가회 회원. 노선생논술학원장

였는데, 어미 개가 새끼를 낳고 또 그 새끼 개가 새끼를 낳고. 그렇게 이어진 핏줄은 지금도 이어지고 있다.

초등학교 때였다. 사십 년도 훨씬 지난 일이지만 나는 지금도 유난히 잠이 안 오던 어느 날 밤을 기억한다. 1960년대에는 밤 9시가 되면 전등불은 모두 꺼야 했다. 언니들이 모두 잠들자 살그머니 일어나 커튼을 들추었다. 달빛은 신비한 보랏빛으로 세상을 비추고 있었다. 닭장 안엔 서른 마리도 넘는 닭들이 횃대에 앉아 졸고 있을 것이고, 외양간의 어린 송아지도 하마 잠이 들었을 시간이었다. 넓은 마당가에는 커다란 오동나무가 서 있었다. 내 손바닥의 열 배도 넘는 오동잎이 너울너울 춤을 추며 땅으로 내려앉고 있었다. 오동잎은 천천히, 아주 천천히, 넓은 소매를 펄럭이며 땅 위에 편안히 몸을 누이고 있었다. 그 위에 또 다른 잎이 내려앉았다. 더러는 하늘을 바라보고, 더러는 땅바닥에 배를 깔고, 그들이 죽음을 맞는 방식은 매우 평화롭고도 신비로웠다. 나도 밖으로 나가 떨어져 쌓이는 오동잎 위에 몸을 포개고 싶은 충동을 느낄 때였다.

커다란 그림자 하나가 어디선가 뛰어나와 날뛰기 시작했다. 육중하게 잠긴 대문을 들이박더니, 남새밭 울타리를 뛰어넘었다. 온 밭을 휘젓고도 모자라 오동나무와 키를 견주기 시작했다. 조용히 죽음을 맞던 오동잎은 무참히 짓밟혀 사방으로 흩어졌다. 새파란 두 개의 불꽃이 공중을 휘돌았다. 짐승 울음소리가 온 마당에 가득 차고 한동안이 지나도 높이뛰기는 멈추지 않았다. 온 식구가 깨어났다. 외양간에서는 앉아서 졸던 소들이 부스스 일어나, 나무 틈새로 고개를 내밀고, 조용하던 돼지들까지 밖의 소란이 귀에 거슬리는지 툴툴거리기 시작했다. 고물거리며 잠이 들었던 강아지들이 깨어나 낑낑거렸다. 그러자 새파란 불의 광란은 더욱 심해졌다. 온 마당을 휘젓고도 모자라 화단가에 피어난 채송화까지 모두 짓밟아 버리고도 끝나지 않았다. 어머니는 '오매, 어째야 쓰그나'를 연발하며 발을 동동 구르시기만 할 뿐 아무런 행동도 취할 수 없었다.

온 밤을 하얗게 샌 다음 날 아침, 우리 집의 제일 큰 어미 개가 구정물 통에 머리를 박고 죽어 있었다. 어젯밤에 내가 본 새파란 불은 생명의 위기감에 발버둥치던 백구의 눈동자였다. 살려달라고, 아니 살아야겠다고 외치던 본능의 소리였다. 고물거리는 새끼들을 두고 차마 눈을 감지 못했던 우리 집 백구의 처절한 단말마였던 것이다. 백구의 축 늘어진 몸뚱이를 치운 후 아버지는 강아지들 앞에서 우리 보고 마음에 드는 대로 한 마리씩 가지라고 하셨다. 우리들은 강아지를 하나씩 가리키며 이제 이건 내거고, 저건 네거다 하였다. 우리 자매들은 경쟁적으로 밥물을 떠다 먹이기도 하고, 학교에서 나누어준 빵 부스러기를 남겨다 먹이며, 그렇게 키웠다. 한 마리가 죽으면, 또 밤새워 울며 그렇게 키웠다. 지금 우리 집에 있는 백구는 모두 그 새끼들의 후손인 것이다.

어머니는 3년 전에 돌아가셨다. 아버지는 병원 침상에서 하루를 보내신다. 아버지의 머리에는 긴 호스가 꽂혀 있고, '아버지' 하고 부르면 '아함' 하는 짧은 하품을 하신다. 가만히 보고 있으면 희미한 눈물이 주름을 타고 흘러내릴 때도 있다. 우리 9남매는 서로의 아이들을 데리고 어쩌다 한 번 아버지를 보고 돌아와 또 우리의 일상을 살아간다. 그렇게 생명은 가고 또 오는데, 시간은 저 혼자 흘러간다. 생명의 힘을 따라서.

진리와 지성이 개처럼 끌려갈 때
가슴으로 울려 퍼지는
그것은 땅의 흔들림이었다.
(… 중략 …)
사랑과 성실이
이긴 자를 위한 질서를 애무할 때

나는 호곡 소리도 없이
땅 흔들림 속에 피어나는 새싹을 보았다.

—이인적의 「생명이란」

그렇다. 생명이란 진리가 자취를 감추고 세상이 온통 잿빛으로 흐려져도 피어나는 것이고 태어나야 하는 것이다.

박 | 성 | 남

생명의 소용돌이

눈길을 빼앗던 벚꽃이 지나는 차바퀴에 경련을 일으키며 흩어진다. 허섭스레기로 지는 꽃잎은 꽃눈도 꽃비도 아니다. 벚나무 가로수에 우수만 남았다.

때가 되면 피고 지는 자연의 섭리에 사람들은 갖가지 감상에 빠져든다. 이는 사람이 우주의 극히 작은 부분을 차지하고 자연에 의지에 사는 탓이리라.

뭣하나 내세울 것 없는 자신이 초라해 자기충전을 하겠다고 붓글씨를 시작했다. 막상 시작하고 보니 여기라 하지만 심한 자괴감에 빠진다. 서예란 타고난 재질이 있어야 한다지만 팔다리가 뻣뻣해진 나이에 시작하는 것은

충북 청원 출생. 2007년『경남문학』수필 신인상. 진해문협, 경남문협 회원

당찮은 일이다. 선생님은 마음을 비우고 즐거운 마음을 가지고 욕심 없이 쓰다보면 자신도 모르게 향상이 된단다. 그 말씀이 부끄러운 가방을 챙기게 한다.

내가 생명의 벅찬 소용돌이에 휘말려들던 날은 버스에서 내려 진해시청 주도로로 곧장 가지 않고 돌아가는 산책길을 택했기 때문이다.

금년에 조성한 공원은 주차장만 덩그렇게 클 뿐 짜임새가 없어 보인다. 흔한 영산홍과 대나무처럼 밋밋한 소나무를 쇠줄로 묶어 놓아 뭔가 불안하고 어색해 보인다. 여느 아파트 공원과 닮은꼴이다. 눈 가는 데가 없어, 풍호정 연못에서 잠시 쉬었다 갈 생각에 의자를 살펴보니 온통 새의 배설물로 더렵혀져 앉을 수가 없다. 난간으로 다가가 연못을 내려다본다. 봄 가뭄으로 물이 심하게 탁하다. 벚꽃 축제기간 동안 비 오지 않는 해가 없는데 올해는 비 한 방울 없이 지나갔다. 흐리기만 한 연못에는 어른 손바닥만 한 어린 연잎들이 새 생명의 숨결을 내쉬며 물 위로 떠올라 있었다. 연꽃이 한창일 때는 백련과 연분홍 연이 어우러져 정감을 더한다. 사이사이 짙은 홍련도 섞여 연못의 규모는 작지만 색다른 분위기를 자아내는 곳이다.

자색을 띠고 있는 연잎이 홍련이 아닐까 생각하고 있는데, 수면 위로 때 아닌 검은 구름이 나타났다. 세찬 바람이 부는지 재빠르게 모습이 바뀐다. 변화무쌍하기가 그지없다. 흑룡이 승천하듯 물을 박차고 일어설 기세이다가 갑자기 방향을 바꾸어 하늘을 까맣게 메우는 철새 떼로 변한다. 그러다 느긋하게 유유자적할 때는 물 위에 물감을 탁 떨어트린 것처럼 아주 천천히 번져 나간다. 고기들의 유희가 잘 훈련된 평양의 집단체조를 보는 것 같다. 이 작은 연못에 무슨 새끼고기가 저렇게 많단 말인가! 고기 떼의 환상적인 유영에 온전히 혼을 빼앗기고 말았다. 어느 무리는 구름을 연출하고 어느 녀석들은 까만 연꽃 봉오리를 만들어 입을 하늘로 향하고 보글보글 물을 내뿜는다. 이 기막힌 연기에 절로 탄성이 터진다. 내일이면 피어날 연꽃 봉오리로 모여들었던 무리들이 흩어지며 흙탕물을 일으키는 소용돌이는, 비록 작은 고기 새끼들이지만 살아 있다는 과시 같다. 작은 것들도 무리를 이루면 이처럼 큰 에너지가 생긴다는 것을 보여주고 있었다. 고기들은 쉬지 않고 작은 무리로 흩어졌다가 큰 무리로 모여들며 생명의 소중함을 마음껏 구가하고 있었다.

고기들의 묘기에 현혹돼 있는 내게 인사라도 하려는지 무리에서 이탈한 고기 떼가 내게 다가왔다. 대체 무슨 고기 새끼인가 싶어 살피던 나는 내 눈을 의심했다.

'아니 이럴 수가!'

신음에 가까운 감탄이 터질 수밖에 없었다. 그 장관을 보여준 무리들은 물고기가 아니라 까만 올챙이 새끼였다. 참으로 신기롭고 놀라운 일이다. 하찮은 올챙이가 그처럼 기이하고 신비스런 모양을 연출하다니….

도대체 그 능력은 어디서 생기는 것일까. 시골에서 자랐지만 내 생애에 처음 보는 장관이었다. 올챙이는 개구리로 성장하는 과정에 있는 미완성의 존재다. 제대로 체위도 갖추지 못한 성장기에 이처럼 신비한 연기로 사람의 마음을 요동치게 한다는 것이 도저히 믿기지가 않았다.

너무 의외라서 멍청하게 연못을 바라보고 있었다. 수백의 올챙이들은 미래에 대한 불안이나 근심 따위는 없었다. 오직 주어진 순간을 즐기며 함께 어울리고 있었다. 성장한 개구리는 도저히 흉내 내지 못할 환상의 유영은 올챙이만이 해낼 수 있는 유일무이한 능력인 것이다. 어른이 아이들 흉내를 내면 어릴 적에 했던 짓도 어색하고 잘 되지가 않는다. 때문에 생명이 있는 것들은 모두 때가 있게 마련이다. 사람도 시기에 따라 해야 할 일이 따로 있다.

나는 내 성장기를 아깝게 허비했다. 공부할 시기에 환경 탓만 하며 황금 같은 시기를 허비했다. 지금에 와 때늦은 후회를 한다.

세기의 요정이 된 김연아의 묘기를 보면 초능력의 힘을 가진 별난 사람 같다. 그러나 타고날 때 어느 정도의 소질은 타고났겠지만 그렇게 되기까지는 어려서부터 피나는 노력이 있었기 때문이다. 누구든 김연아 선수처럼 최고가 되고 싶어 한다. 세상일이 되고 싶다고 다 된다면 얼마나 좋을까. 단 한 사람인 일인자가 되기 위해서는 살을 깎아내는 고통을 이겨낸 자만이 세상 앞에 우뚝 설 수 있는 것이다.

요즘엔 시골에 가도 개구리 울음소리를 듣기가 어렵다. 올챙이가 보여준 수중발레는 물이라는 생명수가 있었기에 가능한 일이다. 개구리가 알을 낳을 자연조건은 열악하기 짝이 없다. 농약 살포로 먹이가 부족한 원인도 있지만 댐이 들어서고 지하수 개발로 웅덩이가 사라짐에 따라 알을 낳을 곳이 없어졌다. 봄철이면 논물을 가두어 놓았기 때문에 배란과 부화가 용이했다. 지금은 수리시설이 좋아 모 심을 시기에만 물을 대기 때문에 번식시기에 들판에 물이 없다. 개구리의 번식에 물은 절대적 조건이다.

올챙이가 수면 위에서 내게 펼쳐보이던 생명의 환유는 연못이라는 적정한 환경이 있어 가능한 일이다. 자신의 잠재한 능력을 발휘하는 데는 환경도 영향을 받게 마련이다.

풍호정 연못은 주변 농토가 없어짐에 따라 주변을 정비해 조성한 휴식공간이다. 몇 가지의 수중식물과 연꽃을 심어 소박하지만 머리를 식히기엔 알맞은 산책로가 있어 운치를 더한다. 도심 속에 연못이 있다는 것은 축복받을 일이다. 아직은 개발이 늦어 개구리의 서식처가 되고 있지만, 연못과 인접한 주변은 생태계 보전을 위하여 그대로 유지되었으면 하는 바람을 가져본다.

두 주쯤 지나 올챙이의 수중발레를 잊지 못해 다시 찾았다. 연못을 주시했지만 다시 볼 수 있는 행운은 오지 않았다. 대신에 노랑 꽃창포가 구름이 비치지 않는 연못 대신에 하늘에 화선지를 펼쳐놓고 붓 끝에 노랑 물감을 찍어 구도를 잡고 있다. 다른 한편에서는 백련이 수줍게 속살을 내보이고, 홍련은 주위를 경계하듯 빠끔히 수면을 익히는 중이다.

머잖아 연못을 덮고 말 연잎 사이로 부리 위에 빨간 숯덩이를 머리에 인 물닭이 흰털 박힌 꼬리를 연신 까닥대며 물살을 가른다. 이 정경에 자주색 스카프를 두른 부채붓꽃이 살포시 웃는다.

올챙이의 묘기 대신에 나는 한 폭의 살아 있는 생명의 그림을 선물 받았다. 그 풍경은 참으로 평화로웠다. 그 평화로움에 느릿느릿 발을 옮기건만, 아침 햇살을 쪼이던 잉어가 몸을 솟구치고는 잠수해 버린다.

오늘은 경이로운 향연을 다시 보지 못했지만 살아 있는 것들에게는 다 때가 있음을 다시금 느끼게 했다. 하찮은 올챙이의 힘찬 유희에, 우습게도 때늦은 인생개칠을 하게 한다.

배 | 대 | 균

한 소년의 기적

이 글을 쓰고 있는 지금도, 그때 그 아이의 쾌유된 모습이 떠오른다. 열세 살 난 그 사내아이의 그렇게도 심하던 구토와 마비된 양다리가 완전하게 회복이 된 이야기 말이다.

사연은 이러하다. 중학교 1학년, 그는 우연히 구토를 하기 시작하면서, 때를 같이하여 양다리가 마비되고, 움직일 수가 없었다. 당황한 가족들은 서울 부산으로 전전하는 사이 40kg이던 몸은 23kg으로 줄면서 갈비뼈는 마치 해골처럼 선명하게 드러났다. 허벅지는 뼈만 남았고, 엄지발가락은 오랜 마비와 함께 땅바닥에 닿아 있었다.

몹시 난감했다. 그들은 갈 곳 다 가보고, 할 것 다 해보았으니 이제는 나

경남 진해 출생. 부산대학교 의과대학, 동 대학원 졸업(의학박사), 1992년 『한국수필』 추천완료. 경상남도문화상 등 수상. 수필집 『필름 97』 『5월에도 피지 않는 나무』 외 다수. 마산문협, 경남문협, 경남수필문학회, 한국수필가협회, 한국수필문학회, 한국수필작가회, 한국문협 회원. 배신경정신과 원장

에게 맡기겠다는 그 말에 용기를 얻었다.

우선, 그놈의 구토부터 자세히 관찰해 본다. 진정한 구토는 먹은 것 전부는 물론, 안 먹은 것까지 토해내는데, 이는 먹은 것을 삼키지 않은 채 개어내고 있었다. 뇌나 위 안의 문제가 아니라는 뜻이다. 그렇다면 먹게만 한다면… 그때부터서는 토하는 한이 있더라도 무조건 많이 먹도록 집중했다. 그 중에 얼마 만이라도 위 속으로 들어가게 할 목적이었다. 아니나 다를까. 불과 3~4일 만에 체중이 조금은 붙는 것이었다.

그런데, 놀랄 일이 또 한 가지 생겼다. 마비된 발가락이 조금씩 움직이는 것이었다. 그렇다면 억지로라도 움직이게만 하면 된다는 뜻이겠다. 그때부터서는 양팔을 붙들고는 다리에 힘을 주라고 호령하면서 마구 걷는 훈련을 시작했다. 지치고 지칠 때까지 되풀이했다. 그렇게 하기를 3~4일. 그런데 아파야 할 다리는커녕 그 다음 날이면 또 해달라면서 조르는 것이었다.

그로부터 3주가 흘렀다. 스스로 걷기는 물론, 구토 증상이 완연히 멈추었고, 몸무게는 원래에 가깝도록 회복되어 갔다. 작별의 시간이 다가온 것이다. 아이는 걸어서 계단을 내려와서는 작별 인사를 하였다.

우리 직원 모두는 기적이라면서 법석을 떨었다. 과연 기적이다. 한데, 그것들 모두는 소년 그가 만들어낸 기적이다. 7개월간을 괴롭혔던 구토는 물론, 마비된 다리로부터 나아야 하겠다는 의지가 그로 하여금 재생의 길을 택하게 해준 것이다. 나는 다만 억지로라도 먹게 하면서, 걷게 한 것밖에는 더 해준 것이 없다.

사람들이 가진 기술이 아무리 좋다 한들 그가 지닌, 아니 인간이 지닌 재생 능력 앞에서 큰소리치는 것뿐이다. 맹장염을 수술하는 의사는 창자와 창자를 연결해주는 것뿐, 단지 창자가 서로를 들어붙게 하는 능력이 없다면 무용지물이다.

그가 지닌 강인하고 강인한 생명력 앞에서 나는 다시 한번 감사한다.

배 | 정 | 인

멍포수

상록수의 잎마저 겨울이 되면 한결 검어진다. 소슬한 겨울비를 맞아가며 몇 번인가 어녹다 보면 가을에 그 영롱했던 잎새들도 온몸에 사반이 번지고 만다.

겨울이 깊어질수록 어둡고 칙칙한 낯빛을 띠면서 산은 침묵의 수렁으로 가라앉는다. 그런 겨울산은 나를 우울하게 한다. 턱을 파묻게 하고, 귓불까지 옷깃 속으로 디밀게 한다.

"그렇게 죽치고만 있지 말고……" 산행이라도 가자는 권이었다. 부동산 중개업을 하는 친구가 산 밑까지 자가용으로 모시겠다는 말에 귀가 솔깃해서 동행이 되기로 했다.

『월간에세이』로 등단. 수필집 『픽셀 Q의 지문』, 수필창작안내서 『참수필 짓는 이야기』. 한국문협, 한국가톨릭문인회 회원. 진주수필문학회장

약속한 날은 일요일이었다. 소풍날 어린 학생처럼 요란을 떨며 집을 나섰다.

지프차가 한 대, 승용차가 한 대, 사람 댓명이 지레 나와 있었다. 그가 수인사를 시켰다. 다들 낯이 설었다. 개도 한 마리 있었다. 그 개가 나를 머쓱하게 하였다. 흑갈색의 짧은 털을 가진, 육질이 탄탄해 보이는 개였다. 앞발을 들면 내 키쯤은 수월하게 넘을 것 같았다. 놈은 붉고 긴 혓바닥으로 검은 코밑을 핥으며 제 주인인 듯한 사내와 나를 번갈아 쳐다보는 것이었다. 그 눈길이 영 기분 나빴다. 마땅찮아 하는 그 큰 눈알의 흰자위가 디룩거리며 내게로 쏟아질 때는 왠지 오금까지 저릿거렸다.

그들은 모두 동업자이며 사냥꾼들이었다. 나는 잠시 망설였다. 처음 기대와는 동이 뜬 산행이라는 떨떠름한 기분이 좀체 뒷덜미를 놓아주지 않았기 때문이다.

"야, 빨리 타라."

얼결에, 나는 그의 승용차에 오르고 말았다. 친구의 체면을 봐서라도, 기왕지사, 뚱한 표정은 뭉개버리기로 했다. 사냥개와 동승이 안 된 것만 해도 얼마나 다행하냐 싶었다.

차는 시가지를 벗어난 뒤에도 한참 동안 달렸다. 빈 논들을 건너 산비탈을 돌고, 계곡을 지나 야트막한 능선을 몇 갠가 넘었다. 산자락에 붙어 앉은 작은 두메 마을을 지나친 다음에야 차는 멎었다. 낯선 야산 중턱이었다.

그가 총을 한 자루 건네주었다. 총신이 긴 단발 엽총이었다. 간단히 조작법을 일러주고는 허름한 탄띠도 내놓았다. '역시 친구는 친구다' 안도감이 나를 느긋하게 했다. 몰이꾼 신세를 면하게 되었기 때문이었다.

"이건 돼지 불, 노루 불, 꿩 불, 목표물이 선명하지 않을 땐 쏘지 말아라. 자칫하면 사고 나기 쉬우니까. 주위를 잘 살핀 다음에 쏘라구. 엽총은 군대총과는 다르다. 예사로 생각하면 큰일 난다, 너."

웃음이 나왔다. 군에 있을 때 특등 사수였던 나는, 총 쏘는 솜씨 하나만은 자신하던 터였다. 내 솜씨를 우습게 아는 모양인데, 두고 보라지. 허리에 탄띠를 졸라맸다. 일행은 흩어졌다.

나는 억새밭을 휘적거리며 산비알을 오르고 있었다. 푸드득, 끼륵–, 하마터면 주저앉을 뻔했다. 꿩이란 놈이 갑자기 발치께에서 솟아올랐기 때문이다. 그냥 솟아오르기만 한 게 아니었다. 그 자지러지는 절규에 더 놀랐던 것이다.

어이가 없었다. 총 쏠 엄두는커녕 총을 가졌다는 자각도 하지 못했다. 산모퉁이를 날아 돌아가는 날짐승만 멍하니 바라보고 있었다. 양 날개를 편 채 미끄러지듯이 흘러가는 장끼의 그 유연한 비상을 보며 넋을 놓고 있었다. 아름다웠다. 누가 저 푸른 도화지에 이토록 아름다운 그림을 그릴 수 있으랴.

큰 곰솔나무가 띄엄띄엄 서 있는 잔솔밭에 이르렀다. 장끼 한 마리가 아장거리고 있었다. 백색의 목띠와 청록색의 긴 꽁지깃이 다갈색의 몸뚱이에서 유난히 돋보였다. 침착해야지. 두근거리는 가슴을 진정시키며 총을 겨누었다. 장끼는 주억거리던 머리를 치켜들었다. 동그란 눈이 보였다. 눈동자가 또렷거렸다. 잘 여문 산초씨 같았다. 깜찍하고 새카만 눈이었다. 다시 고개를 숙이기를 기다렸다. 까만 눈동자를 보면서 차마 방아쇠를 당길 수는 없었다. 녀석 또한 별로 나를 의심하는 눈치가 아니었다.

그때였다. 개가 달려들었다. 아이쿠, 이게 무슨 일이람. 나는 정나미가 떨어졌다. 예의 그 사냥개가 나타난 것이다. 당초에 개 주인과는 어울릴 염도 없었던 터라, 부러 그가 간 반대 방향을 잡아 나서지 않았던가.

탕! 총소리가 들렸다. 움찔 놀랐다. 하늘로 솟아오르던 꿩이 비상을 멈추더니 실족한 다이빙 선수처럼 지상으로 떨어졌다. 저만치서, 사내의 빨간 모자가 나뭇가지 사이로 어른거렸다. 사내에게로 다가가는 개꼬리가 얼레

발을 치고 있었다.

손바닥만 한 묵정논 위켠으로 검은 돌옷을 입은 돌멩이 무더기가 반원을 그리며 허물어져 있었다. 너덜겅을 돌아 나갔다. 잎 끝이 발긋발긋한 다복솔 사이로 개꽃나무, 도토리나무, 떡갈나무, 이름 모를 키 작은 잡목의 앙상한 가지들이 어우러진 산등성이에 나왔다. 바람이 시원했다. 답답하던 가슴이 확 열리는 기분이었다. 숨을 고르며 사방을 휘– 둘러보았다. '저게 뭐야' 이쪽으로 노루가 겅중겅중 뛰어오고 있었다. 녀석은 미처 나를 보지 못한 모양이었다. 경황이 없었다. 서둘렀다. 얼른, 길목을 어림잡았다. 바위에 몸을 기대며 돌아섰다. 우뚝, 노루가 내 앞에 와서 섰다. 목을 끌어안을 듯이. 시선이 마주쳤다. 헉, 숨이 막혔다. 무참했다. 피가 멎는 듯하였다. 나도 모르게 총 든 손이 궁둥이 뒤로 돌아갔다. 눈을 감았다. 일순간, 나는 무념 상태에 빠졌다. 시간의 흐름조차 정지된 듯했다. 그렇게 가까운 데서 산노루를 만나기는 처음이던 것이다.

이윽고, 정지되어 있던 화면이 움직였다. 섰던 노루가 성큼성큼 서두는 품 없이 뛰어갔다. 그제서야 나는 눈을 떴다. 막연히, 총을 쏴야 한다는 생각이 꿈결같이 떠올랐다. 그러나 몸은 달싹도 하지 않았다. 가슴이 콩닥콩닥 방아질을 하고 있었다.

허망했다. 나만 빈손이었다. 다들 사냥꾼답게 꿩, 토끼, 비둘기 따위를 서너 마리씩은 부려 놓았다.

"아아니, 너 빈손이야?"

그가 의아해 했다.

"특등사수도 엽총을 드니까 별수 없는 멍포수구먼, 허허허…."

꿩 몇 마리야 못 잡을까. 하산할 때는 저들보다 더 많은 포획물을 가질 것이다. 회동그라진 눈들이 나를 주목하게 만들겠다. 숲으로 들어설 때 이런 밑그림을 그리며 배짱에 힘을 넣었었다. 엽총 한 자루 얻어 든 순간, 마치 생사 여탈권이나 쥔 것처럼 우쭐했었다. 하지만, 세상일이란 제 뜻대로만 되는 법은 없다.

턱없는 욕심을 부린 탓일까. 온종일 산을 헤매며 다녔지만 총 한번 쏘지 못한 채 하루가 졌다. 왜일까? 투리가 나지 않는 일이었다. 발부리에서 날아오른 꿩을 멍하니 쳐다보면서 자신이 사냥꾼임을 의식조차 못한 거며, 장끼의 까만 눈앞에서는 방아쇠도 못 당긴 주변머리하며, 노루를 만났을 때는 총을 뒤로 감추고 만 바보짓하며, 무슨 조화 속이 아니고야 사냥을 나선 총잡이가 그런 멍청한 짓거리만 거듭할 리가 없었다. 푸른 산 위에 끝없이 펼쳐진 하늘과 흰 구름 한 송이, 그것들이 꿈처럼 떠 있는 산노루의 커다란 눈망울을 보고는 자신도 모르게 눈을 감아버린 연유 또한 짐작이 서지 않았다.

하긴, 시나브로 사람됨이 닳아 없어진 이 가슴 바닥 어딘가에 아직은 다 마르지 못한 물기가 희미한 희망처럼 남아 있었는지 모른다. 그것은 태초에 점지받은 내 본연의 심성이었을 것이다.

나는 허공을 올려다보았다. 말없이, 하늘이 보고 있었다.

손 | 정 | 란

그들이 갇혔던 방

모르고 삼년 알고 삼년 썩어 삼년. 하늘이 내렸다는 벌罰. 대풍자유주사를 맞아야 하는 병. 집을 떠나 남쪽을 향해 걷다가 배가 고프면 어느 동네 아무 집이라도 찾아가 식은 밥 한 덩이 주지 않으면 문 앞에서 거칠고 사납게 행동하고. 쉽게 대할 만한 시골 아낙네가 구박하면 은근히 으르고 협박하기도 한다는 그들. 보통 사람들이 천만 번을 돌아도 제자리인 물레방아 팔자라고 하여 괴롭히고 가혹하게 대우하고 하찮게 여겼던 나병 환자들.

치료와 예방에 관한 방법과 기술보다 병이 먼저 나타난 그들도 이 세상에 생명을 받고 태어난 사람이다. 가까이 있는 사람들이 아무리 위로를 해주고 따뜻하게 대해 주어도 그들의 마음은 아물지 않는다. 그 심정을 나병에 걸

경남 진주 출생. 2001년 《경남신문》 신춘문예 수필 당선. 수필집 『유리조각 액자』(2004), 공역 『정목일 수필문학 연구』(2008). 한국문협, 경남문협, 진주문협, 경남수필문학회 회원. 논술, 글쓰기 강사

린 사람밖에는 모른다. 그들이 더할 수 없이 슬프고 진저리가 날 정도로 참혹한 생활을 하던 곳이 소록도였다.

소록도에 구경 갔던 사람들은 중앙공원의 경치가 아름답다고 말한다. 짙은 초록의 잘 손질된 솔송나무, 황금편백나무, 향나무, 후박나무, 삼나무들과 기이하고 괴상하게 생긴 바위와 돌들이 아름다웠을 것이다. 아름답게 보는 것이 마땅하다.

중앙공원은 1936년 12월 1일부터 1940년 4월 1일까지 3년 4개월 동안 6만 명의 나병 환자들을 억지로 시켜서 산림을 깎아 만든 공원이다. 나는 그 아름다운 나무와 바위와 돌들이, 상제와 문상객도 없고 곡소리와 상여도 없이 어느 움쑥하게 팬 땅에 묻히거나 소록도 바다에 뿌려진 그들의 넋으로 보였다.

작은 사슴을 닮았다는 그 섬에는 맑은 영혼을 가졌던 그들을 드나들지 못하도록 가두어 두었던 방이 있다. 그 방은 붉은 벽돌과 투박하고 무거운 담으로 둘러싸여 있고 두 건물이 긴 통로로 연결된 H자 모양이다. 두 건물을 이어주는 통로를 H자로 만든 것에는 그럴 만한 이유가 있다. 왼쪽 건물에서 살아 있는 사람을 대상으로 실험하는 행위를 오른쪽 건물의 환자들이 눈치 채지 못하도록 계획을 세워 만들었던 것이다.

오른쪽 건물은 마루타(실험을 당한 사람들을 마루타라고 가리켜 말하는데, 일본어로 '마루타' 란 '껍질만 벗긴 통나무' 를 뜻한다)가 있는 가둠 방이고, 왼쪽 건물은 실험실이었다. 왼쪽 건물의 가둠 방은 본디 7개였다. 현재는 방이 4개인데 방 안에 들어가 자세히 살펴보면 중간 벽을 헐어내 방을 넓힌 흔적이 그대로 남아 있다. 쇠로 창살을 만든 창문이 있고 한쪽 바닥을 들어 올리면 변기가 나오는 구조로 되어 있다. 오직 소록도에만 있는 가둠 방의 변소가 매우 특이하게 만들어진 것은 그곳에서 실험이 이루어졌기 때문이다. 실험을 당하는 환자들이 흘린 피를 방바닥 아래 설치된 변소로 흘러 내려가게 하기 위해서였다.

환자들은 그 방에서 갇히고 정해진 기간 동안 음식을 먹지 못했고, 몸에 직접 고통을 주는 벌을 받아야 했다. 자유의사를 억눌러 몹시 괴롭고 힘든 일을 시켜도 제 뜻을 굽혀 복종하게 했다. 이치에 맞지 아니한 대우에 맞서서 대들거나 반대하던 환자들이 죽거나 몸의 어느 부분이 온전하지 못했다. 어쩌다가 자유로운 상태가 되어 나오더라도 수습의사였던 오사카에게 정관절제수술을 당하였다고 전해진다.

소록도를 아무런 괴로움이나 고통 없이 즐겁고 안락하게 살 수 있는 곳으로 만들겠다는 일본제국주의의 약속. 환자들이 일할 수 있는 공장을 짓고 기름진 땅을 일구어 자기 힘으로 살아가는 자리를 마련해주겠다는 약속은 겉모양뿐이었다. 소록도의 가둠 방이 문을 연 1934년 가을부터 일본이 싸움에 져서 망한 1945년까지 11년 동안 아무도 관심을 갖지 않았다. 그들이 외치는 분하고 억울한 목소리를 듣지 않았다. 아무리 나라의 통치권을 행사하는 기구가 존재하지 않은 시대였을지라도.

나병이라는 질병 때문에 실험 대상이 되어야 하고 많은 환자들이 죽임을 당했다. 그들의 비명 소리, 신음 소리가 무섭게 하늘 높이 올라갔으련만 하늘은 언제나 무심한 표정이다.

일본이 생화학무기 개발을 위해 731부대를 창설하고 살아 있는 사람을 실험한 사건은 세계의 역사에서 찾아볼 수 없다. 그 사건은 우리에게 지금까지도 치유되지 않은 아픔으로 전해온다. 지진과 홍수와 태풍의 자연 재앙이 아니라 사람이 저지른 일이기에 더욱 끔찍했을 것이다. 우리의 경험과 상상력을 훨씬 넘어버린, 무엇을 트집 잡아 사람을 가두고 마구 매질하여 실험한 것을 놓고 어떻게 무자비하다, 잔인무도하다는 보잘것없는 말로 설명할 수 있겠는가.

지난 5월의 어느 날. 나는 소록도에서 하늘과 땅이 생겨난 맨 처음의 바람을 만나고 중앙공원의 나무들이 술렁일 때마다 그들의 가슴에 피가 맺힐 정도로 한이 사무친 울음을 들었다.

안 | 순 | 자

양재천 풍경

딸아이가 있는 서울에 오면 아파트 앞에 있는 양재천으로 가끔 산책을 나간다. 녹지대로 형성된 공원 주위로 자전거도로가 하천을 따라 이어져 있다. 마침 일요일 아침이라 도로에는 자전거와 롤러 스케이트를 타는 학생들로 붐빈다. 양재천의 아침은 킥보드와 인라인을 타는 아이들의 재잘거림으로 활기가 넘친다.

간간이 까치 소리가 아파트 단지의 공간을 울리며 불쑥 날아오르면 덜 깬 잠마저 화들짝 달아나 버린다. 청량한 공기를 마시기 위해 깊숙이 심호흡을 하면 풀내음이 왈칵 코끝에 먼저 와 닿는다.

먹이를 쪼느라 종종거리는 비둘기도 양재천의 가족이다. 집안 청소를 하

경남 마산 출생. 1996년 창원상공회의소 주최 '성산문학' 전체부문 대상, 2000년 『한국문인』 수필부문 신인상 수상. 경남문협, 창원문협, 경남수필문학회, 가향문학회 회원

기 위해 현관문을 열어놓으면 사람을 보고서도 겁도 없이 집 안으로 날아든다. 쌀알 한 줌 뿌려준다. 인위적인 도시라고 생각했던 곳에서 친자연적인 일이 스스럼없이 일어난다.

양재천은 옛 정취가 깃들여져 자연에 가까운 하천으로 재생시킨 자연친화적 공간이다. 백로가 빈번히 날아들었다고 하여 이를 학여울이라고도 부르며 실제로 학여울이라는 지하철역이 있어 우리네 서정을 드러낸다.

양재천에는 이쪽과 저쪽 마을을 이어 주는 징검다리가 놓여져 있어 운치를 더해준다. 굳이 건너야 할 이유가 없어도 흐르는 물속에서 피라미라도 찾으려는 듯 물속을 들여다보며 돌다리를 건넌다.

문득, 앙증맞고 납작한 돌 위로 개울물이 남실대는 '찬새미 도랑'을 건너 할머니를 찾아가던 삼십 년 시공 저쪽의 나의 영상이 오늘의 내 모습과 겹쳐진다. 함안 둑길을 지나 찰박거리는 내를 건너면서 징검다리가 듬성듬성 놓여 있음에도, 양말이 물에 젖는 것도 아랑곳 않던 나의 푸른 시절의 모습이다. 가슴속에 차가운 얼음 덩이를 안고 있었기에 발이 젖는 것쯤은 아무것도 아니었을 터이다. 고향집의 우물가에서 나를 보고 놀라 반기시던 할머니의 따스한 훈김도, 찰방대던 찬새미 도랑도 이제 아득한 추억이 되었을 뿐이다.

양재천의 모습은 철 따라 다르다. 저절로 피었다 지는 야생초들이 이곳 이웃들처럼 소박하고 정겹다. 간밤에 내린 이슬이 풀잎에 소복이 앉아 마치 고운 소금을 뿌려놓은 듯 아침 햇살에 반짝이는 개망초와 찌는 듯한 여름날에 저녁밥 한술 뜨고 더위도 식힐 겸 산책을 나가면 은은하게 밤길 밝혀주던 달맞이꽃의 정취는 무엇과도 바꿀 수 없다. 은근한 향이 마음까지 적셔주는 듯하다. 시골의 들길에서나 맡을 수 있는 각종 풀잎들이 뒤엉켜서 뿜어내는 냄새를 이곳에서도 느낄 수 있다니, 어쩌면 코끝에 스미는 이 냄새가 잊고 있던 옛 시절의 향수를 자극했는지도 모른다.

나는 창원에 내려와서도 서울의 양재천이 가끔 그립다. 서울의 이웃에게 내가 살고 있는 창원을 자랑하듯이 창원에서는 양재천을 자랑하고 싶다. 딸아이의 진학공부를 위해 인터넷의 부동산 사이트를 통해 얻은 셋집이며, 단지 지하철역이 가깝다는 이유만으로 구한 집이다. 그야말로 양재천은 백화점의 사은품처럼 덤이다. 아니 간혹 사은품이 탐이 나서 해당 액수를 억지로라도 채우고 싶을 정도의 품목에 해당된다.

어느 날 아침 산책하기엔 조금 늦은 감이 드는 시각이지만 모자를 눌러쓰고 나갔다. 자연체험학습을 위한 학생들이 개천 주변에 서서 재잘거리고 있다. 아이들 쪽으로 발길을 옮기는데 웬 남자가 이젤 위의 커다란 캔버스에 무언가를 하고 있는 것이 보였다. 그림 그리는 사람인가보다 했는데 갑자기 내 곁으로 다가와서는 설문조사를 나온 강남구청 직원이라고 자기소개를 했다. 양재천의 산책로를 따라 지금은 잡풀이 엉켜져 있는 양쪽 둔덕에 나무를 심고자 한다. 찬성이냐 반대냐, 찬성이면 무슨 나무를 심었으면 좋겠는가 하는 요지의 설문이었다.

이 동네에 오래 살 것도 아니라 슬쩍 질문을 피할까 하는 생각도 했다. 그러나 서울에 오면 아침저녁 신선한 공기와 더불어 산책할 수 있는 양재천이 있어 늘 고마워하고 있는 터였다. 찬성한다고 했다. 그리고 이쪽 마을 벤치에서 저쪽 마을을 볼 수 있게 너무 키가 큰 나무가 아니었으면 좋겠다고 했다. "그럼 무궁화가 좋겠군요, 그렇게 표시해 놓겠습니다."

수 년 뒤의 훨씬 쾌적해져 있을 양재천의 모습을 그리며 그만 이곳에 눌러 살고 싶은 마음이 들었다. 순전히 양재천 때문이다.

창원은 계획도시라 곳곳에 공원이 있고 또 용지호수가 있어 그야말로 행복도시, 매력도시가 되는데 일조를 하고 있는 셈이다. 그런데도 인공이 아닌 자연적으로 흐르고 있는 양재천 주위를 주민들의 건강과 정서 함양을 위해 편리하게 조성해 놓은 것을 보면 창원에도 이런 공간이 있었으면 하는 바람이 생긴다. 창원에서도 언제부턴가 진행 중인 창원천이나 남천 주위를 생태학적으로 잘 개발할 수는 없을까? 서울 청계천의 거대한 복구작업에 비한다면 어려울 것도 없을 것 같은 마음인데 말이다.

공연차 창원에 내려왔던 어느 여가수가 용지호수와 공원에 반해서 창원에 눌러 살고 싶은 결심이 섰다고 하듯이 나도 어느새 양재천에 마음을 빼앗기고 만다. 그러나 머지않아 곧 이곳을 떠나야 한다. 양재천에 서식하는 왜가리처럼 필요에 의해 잠시 터를 잡았을 뿐, 남의 집을 방문한 아이가 그 집에서 내어놓은 과자를 채 먹기도 전에 엄마 손에 이끌려 일어서야 할 때처럼 나 역시 그런 아쉬운 마음으로 두고두고 양재천을 그리워하게 될 것만 같다.

양 | 미 | 경

위대한 교감

사람과 사람과의 교감도 쉽지 않은데 사람과 동물과의 교감이라니!

TV 동물농장에서 동물과 교감을 나누는 '애니멀 커뮤니케이터' 인 하이디 여사 편을 방영했다. '애니멀 커뮤니케이터' 란 동물들의 마음을 읽어내는 동물 심리 분석가를 통칭한다고 한다. 그녀는 상처 가진 동물들과 교감하여 그들의 마음을 치유해 주는 비상한 능력을 갖고 있었다.

사람도 마음에 상처를 받으면 마음의 문을 닫아버리듯 동물도 그랬다. 삽살개 족보까지 있는 '하늘이' 를 현재 주인이 정성껏 돌봐 주건만 18개월 넘게 바깥출입을 하지 않는다는 것이다.

1994년 『수필과 비평』 등단. 신곡문학상 본상 · 경남문협우수작품집상 수상. 한국문화예술진흥원 우수도서 선정. 수필집 『외딴곳 그 작은 집』, 『고양이는 썰매를 끌지 않는다』. 경남문협 부회장, 수필과 비평작가회의 회장, 물목문학회 회장

하이디 여사가 문제의 강아지를 만났다. 그녀는 강아지 이름을 부른 후 가까이 다가가 눈을 맞췄다. 교감이 시작되었다. 한참 후 하이디 여사가 하늘이의 말을 전했다. 새끼 때부터 호된 훈련을 받았는데 자신이 밖으로 나가면 예전에 있던 그곳으로 보내질 것 같아 나오지 않는다는 게 아닌가. 그 말을 전해들은 가족들은 하늘이를 쓰다듬으며 "우리는 너를 사랑한단다. 절대 다른 곳으로 보내지 않을 것이다."고 말하자 꼬리를 흔들더니 옥상을 한 바퀴 빙 돌았다. 주인이 자신의 심정을 이해하자 그놈도 마음의 문을 연 것이다. 후문에 의하면 요즘은 공원 산책하는 것을 즐겨한다고.

또 한 사례는 사나운 고양이 '미오'에 관한 것이다. 길고양이를 딸이 데려와 키우고 있는데, 커튼 뒤에 숨어서 나오지도 않고, 구박한 적 없는데 항상 분노에 차 있었다. 먹이를 주기 위해 어머니가 가까이 가면 손톱을 세워 할퀴고 으르렁거려 손등과 팔이 온통 상처 투성이였다.

하이디 여사가 다정한 목소리로 '미오' 하고 이름을 불렀다. 그녀가 눈을 맞추고 있으니 어느 순간, 고양이가 눈을 깜빡깜빡하기 시작했다. 하이디 여사도 눈을 깜빡거렸다. 한참 후 그녀는 미오의 말을 전했다. 처음 딸이 고양이를 데려왔을 때 어머니가 집에서 키우지 못한다며 화를 냈다는 것이다. 그래서 내내 불안했고, 어머니에게 붙잡히면 내다 버릴까봐 옆에 못 오게 사납게 굴었다는 게 아닌가.

그 말을 전해들은 어머니는 "미오야! 미안해. 한 번도 널 미워한 적 없었어. 계속 너랑 같이 살았으면 좋겠어." 그러자 여태껏 눈길도 주지 않던 고양이가 어머니와 눈을 맞추더니 다가가 몸을 비비는 게 아닌가. 미안하다는 표현인지는 몰라도 야옹, 야옹 소리까지 냈다. 사랑으로 대하자 그놈도 사랑으로 답한 것이다.

우리 집에도 칠년 가까이 키워온 발바리 '누리'가 있었다. 지난해 단독주택에서 공동주택으로 이사를 가게 되었다. 아파트에서는 동물을 기르는 것이 금지되어 있다기에 우리는 누리를 어떻게 해야 할지 고민하지 않을 수 없었다. 이삿짐을 싸고 있던 어느 날 밤에 그놈이 슬며시 종적을 감추더니 지금까지 소식이 묘연하다.

그런데 하이디 여사의 교감을 보면서 동물도 사람의 말을 알아들으며 생각도 한다는 것을 알게 되었다. '누리'는 자신의 거취문제로 남편과 내가 걱정하던 말을 듣고는 집을 나간 것이란 생각이 들자 마음이 아팠다. 진즉 그놈의 마음을 헤아렸더라면 더 좋은 방법도 있었을 텐데….

그 외에도 하이디 여사가 만난 15살 된 강아지 '꽃님이'와 첫 새끼를 사산한 경주마 등 문제의 동물들을 키우고 있던 주인들은 교감이 이뤄지는 순간 모두 눈물을 닦았다. 말만 통할 수 있었더라면, 마음을 읽어낼 수만 있었더라도 상처를 내버려두지 않았을 텐데 하는 아쉬움 때문이었을 것이다.

하이디 여사는 동물들의 마음을 읽었고, 그 상처를 어루만져 주었다. 그녀를 통해 문제점을 알게 된 주인과 동물들과의 화해의 순간은 작은 기적 같았다.

동물들은 우리의 영원한 반려자이다. 하찮아 보이는 동물일지라도 생명을 가진 이상 그들도 사람의 목숨처럼 소중하다.

이 땅의 모든 생명체는 서로 소통하며 살고 있다. 그리고 그들은 우리도 함께 소통하기를 바란다. 하지만 인간은 자연의 모든 생명체들을 인간의 생각에 맞추어 이기적인 방향으로 결정해버린다. 소통이 아니라 일방적인 것이다.

자연이 파괴되고 그 재앙이 우리에게 되돌아오는 것이 전혀 이상하지 않다. 하이디 여사처럼 생명체들과 소통하는 것이 얼마나 소중한지를 이해하고, 또 그렇게 행동한다면 우리 사는 세상이 지금보다 한층 풍요로워지지 않을까.

이 | 광 | 수

생명 – 그 존재의 한계

생명의 소중함은 아무리 강조해도 지나치지 않다. 그게 동물이든 식물이든 살아 있는 존재로서의 가치를 지니고 있기 때문이다. 그러나 이 지구상에 60억이라는 천문학적인 숫자의 인간이 존재함에 따라 인간 스스로 자신의 생명을 경시하는 풍조가 만연되어 가고 있어 안타깝다.

사람이 사람을 죽이는 것은 다른 동물들이 자신의 생명을 지키기 위하여 하는 행동과는 다르다. 사람 아닌 다른 동물들은 본능적인 생명유지의 법칙에 따라 적자생존의 법칙에 따라 자연스럽게 행하여진다. 우리 인류도 원시시대부터 같은 종족이나 무리 지어 사는 인간집단을 지키기 위한 자기 방어 수단으로 사람이 사람을 죽이는 살육전이 끊임없이 이어져왔다. 그것은 어

경남 고성 출생. 경남대학교 대학원 행정학과 박사과정 수료. 1990년 『수필문학』 추천완료, 1991년 《경남신문》 신춘문예 당선. 소설집 『일그러진 초상화』, 수필집 『사색의 오솔길』. 가야대학교 장유평생교육원 문예창작 지도교수, 경남문학관 관장

쩌면 다른 동물들과 마찬가지로 순수한 의미의 생명유지 수단이라고도 생각할 수 있을 것이다.

그러나 인간의 인지수준이 고도화되고 삶의 행태와 방식이 도시라는 집적된 공간에 몰려 사는 시대로 변함에 따라 생명에 대한 본질적 의미가 많이 퇴색되어 버렸다. 물신지향적인 현대인의 삶은 생명유지라는 목적이 살아가는 수단과 전도되는 행태로 변질되고 말았다. 가진 자와 못 가진 자, 지배자와 피지배자, 승자와 패자라는 이분법적 사고의 사회화가 급진전됨에 따라 인간존재의 가치인 생명의 소중함을 망각하는 지경에까지 이르게 되었다. 하루 수천수만 명이 생명의 자연스런 종착역인 임종을 맞이하지 못하고, 생명 자체를 유지하기 위한 수단과 방법에 의해 타살되는 비극을 맞고 있다. 비행기 한 대가 추락하면 수백 명이 몰살을 당한다. 버스 1대가 사고를 일으키면 수십 명이 죽거나 다친다.

사람이 생명유지의 수단으로 편리하게 이용하는 기기들에 의해 죽임을 당한다. 우리 인간의 삶 자체가 그런 탈 것들과 같은 소위 문명의 이기에 의존된 삶을 살지 않는 한 반복될 수밖에 없는 것이다. 나는 여기에 우리 인간의 비극이 존재한다는 것에 전적으로 공감한다. 살기 위해 이 세상에 태어났는데 왜 그런 수단들에 의해 순리대로 살지 못하고 인위적으로 생명이 단축되어야 하는가. 자연파괴에 의한 문명의 발달은 결국 생명의 근본 질서를 파괴시키는 것으로 귀결된다.

지금 우리 인간의 의지와 사고는 T · V라는 영상매체에 의해 좌지우지된다. 자신의 생각과 의지와는 다르다고 생각하면서도 매스미디어의 거대한 힘에 의해 인간의지는 실종되고 만다. 영웅이 없는 시대, 삶의 지표가 될 멘토가 없는 세상. 이건 지구 종말 내지 인류 종말을 예언하는 자들의 신념과 확신을 더욱 굳건하게 해준다.

생명유지를 위해 우리 인간이 섭취하는 동물성 식품의 경우를 생각해보

자. 사람들이 거의 매일 섭취하는 소나 돼지, 닭고기의 경우 그들의 생명은 인간의 먹잇감으로 소요됨으로써 끝난다. 그것이 순리라면 순리다. 그러나 그 생명체가 살아 있을 동안만은 생존의 법칙대로 살아가게 해야 한다. 그런데 우리 인간은 이런 동물들을 살아 있는 생명체로 생각하지 않는다. 단지 인간에게 살코기를 제공하는 고기 생산 공장의 제물로밖에 생각하지 않는다. 그래서 닭은 케이지라는 좁은 칸막이 안에 3~4마리의 닭을 도계될 때까지 가둬놓고 키운다. 돼지는 더하다. 40~50kg의 돼지로 만들기 위해 아예 꼼짝 못하는 스톨에 가둬놓고 배합사료와 항생제를 투여해가며 키운다. 소도 마찬가지다. 목장에 방목하는 소 키우기는 옛말이다. 어떻게 하면 짧은 기간 동안 적은 비용을 들여 목표한 덩치로 비육시킬지 고심한다. 돼지의 스톨 비슷한 쇠 칸막이에 꼼짝 못하게 가둬놓고 일정체중에 이르면 도축한다.

생명이 살아 숨 쉬는 동물은(심지어 식물도 그렇다) 인간이나 짐승이나 마찬가지다. 자유롭게 운동하고 스스로 섭취할 수 있는 먹을거리를 찾고, 저들끼리 싸움질도 하고, 자연 속에서 맑은 공기를 마시면서 자유롭게 살고 싶어 한다. 그래야만 스트레스를 받지 않고 생명 있는 개체로서의 본능을 누리게 된다. 앞서 언급한 것처럼 케이지나 스톨에 꼼짝달싹도 못하게 갇혀서 인간이 제공하는 배합사료에 항생제만 먹고 자란 짐승들이 받는 스트레스는 이루 말로 표현할 수 없을 것이다. 따라서 그런 짐승들을 도살하여 인간이 섭취하게 되면 그 스트레스 받은 동물의 해독은 결국 인간에게 고스란히 전이될 수밖에 없을 것이다.

내일을 예측할 수 없을 정도로 급변하는 세상, 인간 스스로 쳐 놓은 기계문명의 올가미에 발목이 잡혀 거대한 물질문명의 흐름에 떠밀려 가는 세상, 그 속도가 빠르면 빠를수록 인류문명의 종말은 더욱 가까이 다가온다는 걸 명심해야 할 것이다.

결국 생명경시의 풍조는 인간이 파 놓은 함정에 스스로 갇힌 꼴이 되어 비참한 최후를 맞게 될 것이다. 좀 더 느리게, 좀 더 생각하면서 자연의 순리대로 살지 않으면 인간 생명의 존재가치는 없어지고 물질문명의 희생자가 되어 거대한 우주의 미아로 전락하고 말 것이다. 생명의 소중함을 느끼지 못하는 시대에 사는 우리들은 어쩌면 가장 불행한 고등동물로 기록되는 미래를 맞을지도 모른다. 지구 종말론자들의 말을 빌리면 그런 시간이 목전에 닿았는데도 우리 인간은 제정신을 차리지 못하고 자멸의 불구덩이 속으로 계속 깊숙이 빠져 들어가고 있다고 힐난한다.

누구의 말이 맞을지는 시간이 지나봐야 알 것 같다.

이 | 동 | 이

순천만 풍경 액자

바람에 제 몸을 흔드는 갈대가 은빛을 뿜어낸다. 물기 머금은 갯벌은 따스한 햇살을 받아 윤기마저 흐른다. 유구한 세월 온갖 풍파 유순하게 품었었기에 저렇듯 방대한 품을 펼칠 수 있는 걸까. 갈대숲을 끼고 도는 순천만은 S라인의 곡선으로 탄성를 지르게 한다.

태곳적 원시의 비경이다.

사람은 많을수록 소란스러워지는데 강한 빛이나 거친 바람도 쉽게 파고들어갈 수 없을 만큼 빽빽하게 들어선 갈대숲은 너무나 고요하다. 차츰 엷은 색으로 사위어지는 해를 안고 어디에선가 수십 마리의 새떼들이 날아와 머리 위를 돈다.

부산 출생. 한국방송통신대학 국어국문학과 졸업. 1986년 제1회 MBC여성백일장 장원, 1991년 『경남문학』 신인상, 2000년 『수필과 비평』 신인상 등단. 경남문협우수작품집상 수상. 가향문학회 회장, 경남수필문학회 감사 역임. 수필집 『바람개비의 갈망』. 수필과비평작가회 경남지부장

고적하고 평화롭다.

물길 따라 배는 자유롭게 움직이면서 거대한 갯벌과의 조우를 나눈다. 뱃머리 맞닿는 곳에 다가가 그의 보드라운 살결을 한 줌 쥐어본다. 미끈한 감촉이 이내 손가락 사이로 빠져나간다. 소유하고자 바짝 움켜쥐면 오히려 잃어버리는 순리던가. 갯벌에 온몸 적셔 꾸역꾸역 차오르는 세속의 때를 정화시키고 싶다.

여유롭게 펼쳐진 갯벌을 한참 응시하고 있으면, 제 깊이만큼의 침묵으로 숨 쉬고 있음을 알 수 있다. 때로 파르르한 떨림으로 살아 있는 것들과의 교감이 이루어지기도 한다. 저쯤에서 기는 듯 폴짝 뛰는 놈이 있다. 장뚱어다. 이름처럼 기이하게 생겼다.

그러고 보면 제법 이곳저곳에서 움직임이 보인다. 매끄러운 표면에 촘촘히, 무수하게 뚫어진 구멍이 있는 것이 분명 생명체의 흔적 같다. 진흙 같은 갯벌은 산소가 들어갈 여지가 없지만 게나 조개, 갯지렁이 등이 파고들어 구멍을 내고 있다. 손끝으로 그 속을 따라 파고 들어가면 보물을 찾아내듯 손끝에 무엇이든지 달려 나올 것 같다. 힘주어 그곳을 뒤엎어 보면 갯벌을 뒤집어쓴 채 발라당 제 모습을 드러내는 놈도 있으리라. 그들은 그야말로 참살이를 하고 있는 것이다.

갯벌로 내려설 수 없으니 마음으로나마 그놈들을 수없이 잡았다 놓쳤다 한다.

아스라이 펼쳐진 갯벌의 영원성 앞에서 인간 본연의 참 모습을 떠올린다.

거기에는 권세와 명예, 부와 빈, 겉치레 따위가 아무런 의미가 없다. 단지 자연적인 생존의 모습만이 있을 뿐이다.

어느 나라에서는 갯벌의 환경 보존을 위해 정부에서 건축은 물론 낚시질까지도 엄격히 규제하고 있다고 한다. 자연 생태계의 보존에 대한 선진국의 면모를 보여준 것이 아닐까 싶다.

갈대 숲 사이 흑두루미가 풍경처럼 서 있다. 검은머리갈매기와 저어새 등 희귀한 종류의 새들이 서식하는 순천만은 생태계의 보고다. 이곳에 서 있으면 공기도 바람도 다르다. 신비하고 오묘한 기운마저 감돈다. 이 원시적 비경은 우리에게 주어진 크나큰 축복이며 기쁨이다. 그리고 인간의 존엄성과 자존과도 직결된다.

순천만은 생명을 잉태하고 있는 산모와 같다. 깨끗한 양심과 지극한 관심이 지속되는 한 우리의 기쁨도 영원하리라 생각한다.

흑두루미 날아가는 순천만 풍경 액자 속에 나 또한 한 점이 된다.

이 | 승 | 철

선물 받은 蘭

향파 선생으로부터 제주 한란을 선물 받았다. 소박한 화분에 청초한 잎이 사방으로, 타원형을 이룬 가운데 꽃대가 길게 솟아 있고, 어긋나게 꽃이 피어 있었다. 초롱불같이 달린 꽃에서는 향기가 난다.

오래 전에 한라산에서 채취한 것을 분양한 것인데, 그중 하나는 재벌가인 이 모 씨에게 주고 남은 두 개 중에서 하나를 가져왔다며, 잘 키우라고 하신다. 난에 무지한 사람이 귀한 것을 선물로 받는다는 것은 도리가 아니라며 극구 사양했다.

지난번 책 만들 때 사진과 원고 정리를 해준 공에 비하면 이런 것은 아무것도 아니라고 하시며, 난의 성질과 자랄 수 있는 여건, 물 주는 방법 등을

경남 합천 출생. 저서 『환상의 섬 거제도』 외 10여 권. 경남수필문학회 회장, 거제수필문학회 회장, 효당문학상 운영위원장 역임

간단히 일러준다.

"이 선생도 난에 대한 취미를 가져 보셔요. 사진 찍고 문학하는 사람이 난을 알면 좋은 작품도 나올 수 있을 것이고, 예술적 감각이 뛰어나 대가가 될 것입니다." 하시며 난에 대한 관심을 갖게 한다.

수석과 꽃나무 하나 없는 집에 난이 있으니 방 안의 분위기도 좋고 정서에도 도움이 되었다. 마치 어여쁜 아가씨가 시집온 신방 같은 느낌이 들었다. 방문을 열면 여인의 분 향기처럼 퍼져 나오는 난 향이 매혹적이다. 그 향기에 매료되어, 들며 날면서 향기를 맡았다. 난을 키우는 사람들의 마음을 조금 이해할 것 같았다.

보름쯤 지나서다. 꽃잎이 떨어지고 잎이 마르기 시작했다. 수분이 모자라서 그런 줄 알고 매일 물을 주었다. 그랬더니 잎 밑 부분이 썩었다. 향파 선생께 전화를 했더니 속히 자기 난실로 가져오라고 하신다. 병난 자식을 안고 병원에 가는 기분으로 난실로 갔다. 난을 받아 든 향파의 얼굴은 난처한 표정이다. '이렇게 되도록 무엇하고 있었느냐, 병이 들어 죽어가는 애처로운 모습이 보이지 않느냐' 하는 무언의 질책을 하는 것 같았다.

귀한 선물을 받고 잘 간직하지 못한 것은 주는 사람의 정을 무시하는 것 같아서 미안한 생각이 들었다.

이리저리 살피다가 신문지 위에 화분을 쏟는다. 공기가 탁하고 물을 자주 주었기 때문에 뿌리가 썩었다고 한다. 썩은 뿌리와 마른 잎을 잘라 내고 살아 있는 잎 두어 개와 새 촉이 돋아 날 수 있는 촉만 골라서 다른 화분에 옮겨 심는, 대수술이 끝났다.

애석하고 허전한 마음으로 난실을 나오는데 향파 선생이 꽃이 핀 화분을 하나 들고 웃고 있었다.

"이 선생 이것은 키우기 쉬운 난입니다. 어디서나 흔히 볼 수 있는 춘란인데 꽃과 잎이 특이합니다. 저것 대신 키워 보시오" 하며 꽃이 핀 춘란 화분을 준다.

좁고 긴 잎의 가운데로 흰줄이 서너 줄 있고 붉은 화방에 노란빛을 띠고 있었다. 향기보다 꽃이 아름다웠다. 그 난도 내 집에 온 지 얼마 되지 않아서 전과 같은 현상이 일어났다. 향파 선생을 찾아갈 면목이 생기지 않았다. 집사람과 정성을 다해 키워 보기로 했다. 그러나 회생 불능으로 끝났다. 향파 선생께서 난에 대한 말씀이 있으면 난이 잘 큰다는 거짓말로 대답을 하였다. 그럴 때마다 양심을 속이는 것 같아서 마음이 무척 괴로웠다. 살다 보면 본의 아니게 거짓말할 때가 있다. 자신이나 남을 위해서 도움은 될지 몰라도 언젠가는 탄로가 난다.

그 후 술좌석에서 실토를 했다. 애석하게 생각하는 표정이다. 지난번 한란은 소생을 하여 새 꽃대가 올라오고 있다며, 와서 가져가라고 한다.

향파 선생과는 1970년 초부터 알게 되어 자주 만나는 사이가 되었다. 만날 때마다 난을 취미로 키워 보란 말씀을 하셨고, 귀한 손님이 오시면 꼭 난실로 부르시곤 했다. 난에 대한 취미를 붙이게 하기 위해서 그토록 애를 쓰시었지만 난을 키울 수 있는 용기가 나지 않았다.

화초나 수석 감상은 좋아하면서도 가꾸는 취미와 기술이 없다. 그래서 지금까지 화분이나 수석 한 점 갖지 못한 삭막한 생활을 한다. 다른 것처럼 열정을 가지면 못할 것도 없다. 그러나 화초나 수석은 어쩐지 가냘픈 여인의 애처로운 모습 같기도 하고 어린애 같기도 하여 사랑스럽긴 해도 그것을 만지며 키우고 싶진 않다. 잘못 하다가 상처가 나거나 죽게 되면 마음이 아플 것 같아서 선뜻 용기를 내지 못한다. 그런데도 제주 한란과 거제 춘란은 어쩐지 내 마음을 사로잡았다. 희귀하다는 데서 귀히 느껴졌고 아름다운 꽃과 향기가 내 마음을 붙들어 놓았다. 그보다 향파 선생의 정이 담겨 있었기 때문이다.

귀한 난을 꽃 피워 선물로 주는 것은 곱게 키운 딸을 시집보내는 것과 같은 마음일 것이다. 그런 마음도 모르고 한 달도 못 가서 죽이고 말았으니 향파 선생의 마음은 얼마나 아팠을까?

그 죄책감 때문에 난과는 먼 이별이 되었다. 그것이 어쩌면 잘 되었는지도 모른다. 어떤 일에 몰두하면 결과를 보는 집념 때문에 가정을 돌보지 않는다.

난이 상품으로 팔리고 있다. 희귀종은 값이 고가라 한다. 한 촉에 수천 만 원 하는 것도 있다는 말을 들었다. 자연생 난이 멸종 위기에까지 왔다. 거제의 해변과 산에는 풍란, 석란, 춘란 등이 많이 자생하고 있었다. 특히 풍란은 잎이 가늘고 꽃이 화려하여 좋은 품종으로 알려졌다. 이런 것들이 도취盜取를 당해 공공연히 거래되었고 이제는 멸종되었다.

자연 그대로 두었더라면 아름다운 강산에서 다 같이 즐겁게 감상할 수 있을 것이다. 난이나 수석, 야생화가 돈으로 거래되고, 취미로 키운다며 채취하는 사람들로 인해 자연이 파괴되고 있는 것을 볼 때마다 가슴이 아프다.

난이나 수석에 취미를 붙였더라면 나도 산천을 뒤지며 채취에 열을 올리고 있을지 모른다. 난을 모르고 지나온 것이 다행이다.

선물은 주는 사람의 정과 받는 사람이 감사를 해야 한다. 선물로 받은 난은 키우지 못했지만 아름다운 꽃과 향기는 향파 선생의 고마운 정으로 아직도 내 마음속에 남아 있다.

수필

이 | 원 | 기

治山治水

치산치수가 국가경영의 근본이었던 시절이 있었다. 물론 농경시대의 유물이다. 먹고사는 게 천수에 의해서 좌지우지되었기에 물을 어떻게 관리하느냐가 국가정책의 가장 중요한 부분이었을 것이다.

치수는 그렇다치고 치산은 왜 그렇게 중요하게 여겼을까? 그것도 치수의 앞에 두었으니 더 중요했으면 했지 덜 중요하지 않았을 것이란 생각이 든다.

산이 높으면 골이 깊다는 말이 있듯이 강만을 생각하면 올바른 치수가 되지 못한다. 산을 잘 다스려야 올바른 치수가 되며 아무리 물길을 잘 잡아 놓는다 해도 산사태가 일어나면 그것은 헛일이 되는 이치다. 치산치수를 분리

경남 사천 출생. 1997년 『문학춘추』 수필 등단. 부산대 의대, 서울대 대학원, 고신대 대학원 의학박사. 수필집 『행복기르기』 『듣기 좋은 꽃노래도』 『뒷모습만이라도 보기 좋아야』 외 다수. 경남문협, 한국문협 회원

해 치산과 치수로 따로 해석해서는 그 의미가 없다.

치산치수가 바로 나라 즉 "국토를 잘 관리한다."는 의미일 것이다. 국민들의 생각이 "나라가 있고 국민이 있어야 하며"에서 "국민이 있고 국토가 있어야 하는" 순서로 바뀌다 보니 국토의 중요성을 우리가 잠시 잊은 게 아닌가 여겨진다. 특히 물난리가 이토록 극심한 지경에는 말이다.

"물만 봐도 소름이 끼친다."고 했다. 집 잃고 자식마저 물에 떠내려 보낸 어느 50대 수재민의 지긋지긋해 하는 말이다.

우리는 장마라 하고 중국은 메이오라고 하며 일본은 마이오라고 부른다. 북쪽의 대륙성 찬 공기와 더운 북태평양고기압이 6월 말에서 7월 중순까지 한반도와 일본열도, 중국 중부에 걸쳐 있으면서 서로 만나 그 세력을 서로 확장하려고 충돌하는 과정에서, 서로 밀고 밀리는 기압과 기류의 극심한 변화로 많은 비를 뿌리는 이른바 우기를 우리는 장마라고 이름 지어놓고 수천 년을 이 땅에서 살아왔었다.

그러므로 이때가 되면 많은 비가 오며 때로는 산이 무너지고 강이 넘치는 불상사가 일어난다는 걸 웬만한 애들까지 다 아는 연중행사다. 멀리 고조선 이전부터 삼국시대를 거쳐 고려, 조선, 대한제국, 그리고 대한민국까지 대충 역사적 사실에 근거한 햇수만을 따져도 반만년은 충분할 것이다.

그런데도 약간의 비가 좀 더 많이 왔다 하면 이 강산이 초토화되어 버리니 가만히 따져보면 우리가 이 나라 금수강산에 전력을 다해 애써 살아온 건지 아니면 그저 세월 따라 5천 년이란 긴 세월을 흐르는 대로 지내온 건지 알 도리가 없다. 오천 년 동안 단 한 번의 쉼도 없이 빼앗기거나 바쳤던 그 숱한 액수의 세금들과 국민들의 성금이나 부역, 봉사는 다 부질없는 헛것이었기 때문이다.

미국도 카트리나와 같은 초강력 태풍이나 트위스트라 부르는 토네이도에겐 속수무책인데 이것들은 예견이 불가능하며 그 순간의 위력이 가공하기 때문에 그렇다고 봐야 한다. 인간이 수천 년을 살아가면서 같은 장소와 같은 시기에 일어날 수 있는 미리 예견된 천재지변은 이미 대책이 마련되어 있어야 할 것이 아니냐는 말이다.

그냥 그러려니 지내왔지만 잘 생각해 보면 5천 년을 이어오면서 그런 확실한 대책도 국가가 세우지 않고 해마다 번번이 국민들만 당하고 있어야 한다는 건 말도 되지 않는 일이다.

여름 장마와 홍수 그리고 여름 무더위에 한반도를 거치는 3~4개 태풍들이 고작인데 크게 보면 지구에서 볼 수 있는 수많은 천재지변들 가운데 조무래기에 불과한 것들뿐이다. 시도 때도 없이 쓰나미가 휩쓰는 지역도 아니고 그렇다고 대형 화산이나 위력적인 지진이 괴롭히는 그런 땅도 나라도 아니다.

이제 기상과 지구 연구도 과학화되어 천재지변의 규모가 어느 정도며 앞으로 어떤 방향, 얼마만 한 강도로 영향을 줄 것인지를 예감할 수 있는 경지에 와 있다. 일기예보가 틀리기만 한다고 믿을 수 없다는 분들도 있지만 실제 틀리는 것보다 맞추는 게 훨씬 많을 뿐 아니라 예를 들면 앞으로 경남 마산, 사천, 순천, 진도를 잇는 강우곡선에 1,000mm 집중호우가 단번에 내릴 수도 있다는 예비도표까지 만드는 정도다.

그렇다면 당연히 그 예보나 예상에 알맞은 방제대책을 정부는 국민과 이 나라를 위해 최우선적으로 마련했어야 했다. 그렇지 못했기 때문에 태풍 매미에 속수무책이었고 강원도 중부지방의 이번 호우에 뒤이은 물난리에 눈만 껌뻑이고 있는 것이다.

북한의 굶주린 인민을 살리기 위해 목돈을 갖다 바치는 것도 중요하지만 집중호우에 집 잃고 수장되는 대한민국의 불쌍한 국민들도 중요하다. 해마다 반복되는 집중호우와 태풍의 피해는 이제 관례화되어 있으므로 그렇다면 그에 대한 준비나 예방조치를 국가는 마땅히 의무적으로 서둘러 해 두어야 하는 게 아닐까?

우리 상고사를 보아도 단군조선 제1대 단군 왕검 시절 현 중국 내륙에 어마어마한 홍수가 발생하여 그 당시 그곳을 다스리던, 이른바 성군의 표본으로 여기는 요임금, 제요도당帝堯陶唐이 어쩔 줄을 모르고 있을 적에 단군조선의 태자 부루扶婁가 단군왕검의 명을 받아 훗날 순임금이 되는 제순유우帝舜有虞에게 홍수를 극복하는 방법(五行治水法)을 일러주어 홍수를 이겨 냈다는 기록이 있다.

요임금이 홍수를 다스리기 위해 곤鯤이라는 사람을 시켜 치수를 맡겼지만 9년이 지나도록 아무런 성과가 없었다. 요임금 뒤를 이어 순임금이 등극했는데 순임금은 치수에 실패한 곤鯤의 아들로 사공벼슬을 하고 있었던 우禹를 파견, 단군왕검의 명을 받고 태자 부루가 모이도록 한 도산塗山에서 만났다. 이른바 도산회의(塗山會議 또는 塗山會盟)를 열었는데 이곳에서 부루는 치수에 성공했던 경험적 기록인 오행치수법을 전해주어 순임금이 치수에 성공하도록 했다. 그런 연고로 하우(夏后氏 즉 禹)가 순나라를 이어받아 하나라 임금이 되었던 것이다.

치수는 예로부터 통치자의 자질과 능력을 가늠하는 중요한 국가정책이었다. 근세에 들어와서도 천재지변에 의한 국토와 백성의 피해는 임금이나 통치자의 실덕으로 여겨졌고 그만큼 치산치수는 중요한 국가의 막중대사로 생각했다.

그런데 토목기술의 대단한 발전과 기상예보나 피해예상이 가능하게 된 요즘에 와서 치산치수의 중요성을 국가가 등한시하는 경향을 보이는 점은 참으로 아이러니가 아닐 수 없다.

사람의 병을 고치는데도 발병하면 치료하는 옛 방법에서 발병 전 미리 예방하는 방법으로 그 치료방법이 달라졌다. 굳이 일본을 예로 들지 않아도 우리는 일단 수해가 나면 수리하는 형식을 해오고 있는 반면 그들은 수해 예방에 전 예산의 3분의 2 이상을 사용한다.

수해를 당한 후 보수하는 방법은 경비는 비록 적게 들지 모르나 바쁜 와중에 여러 곳을 한꺼번에 해야 하기 때문에 부실공사에 땜질, 응급조치로 끝날 가능성이 매우 높다. 차근차근히 계획을 세워 어떤 가능성 있는 조건에도 견딜 수 있는 치산치수의 묘법을 과학적으로 시행했더라면 적어도 해마다 보다 적은 인명 피해와 재산손실을 가져올 수 있지 않았을까 하는 아쉬움이 남는다.

전 국토의 난개발에 너무나 원칙에만 충실한 자연보호론자들의 입김 등 치산치수에 대한 안일한 대처의 결과를 우리는 지금 해마다 아까운 국민들의 생명들과 재산들로 때우고 있는 것이다.

정 | 목 | 일

마산 봉암갯벌과 좀도요새

일주일에 서너 번씩은 봉암갯벌을 지나 경남 창원과 마산을 오간다.

창원과 마산은 행정구역만 나눠져 있을 뿐, 한 생활문화권을 갖고 있다. 창원의 남천은 마산만으로 흘러드는데, 마산 봉암지역 해변에 갯벌을 이루고 있다. 물이 썩어 악취를 풍기지만 도요 떼가 몰려들어 먹이를 찾고 있다.

'마산 · 창원환경운동연합' 이 봉암갯벌에서 마산만 살리기를 기원하는 '매향제' 를 올린 적이 있다. '매향埋香' 은 향나무를 강이나 바닷가에 묻어 내세에 복을 기원하는 의식이다. 향나무를 땅에 묻어 1000년이 지나면, 심오한 향기를 갖게 되며 이를 '침향沈香' 이라 한다. 불과 100년 미만의 삶을 사는 인간에게 1000년이란 '영원' 을 말한다. 향을 묻어 '영원의 세계' 를

경남 진주 출생. 1975년 『월간문학』 수필 당선, 1976년 『현대문학』 수필 천료. 경상남도문화상(문학부문), 동포문학상, 에세이문학상, 월간수필문학 대상 수상. 춘강창작문예기금 수혜. 수필집 『침향』 『한국의 아름다움 77가지』 『마음 고요』 외 다수. 계간 『선수필』 발행인, 창신대학 문창과 겸임교수

수용하려는 의식을 보여주는 것이다.

불경에 "향 싼 종이에선 향내가 나고 생선 묶은 새끼줄에선 비린내가 난다"는 말이 있다. 환경이 삶을 지배하는 요소가 된다는 뜻이다. 1000년을 기다려 침향을 얻으려는 매향제는 민중들이 공통적으로 느끼고 있는 현실적 위기감을 바탕으로 한 순수의식의 한 표출이며, 기원의 형태일 것이다.

'마산만을 살리자'는 강한 염원에서 발원한 것이지만, 생활오수와 공장폐수로 오염돼 '사해死海'로 선고받은 바다를 청정의 바다로 되돌려놓자는 간절한 염원의 표현이다. 봉암갯벌이 오염되지 않아야 매향이 1000년이 지나면 침향이 될 것이다.

봉암갯벌을 청정 갯벌로 만들려면 먼저 마산만을 살리지 않으면 안 된다.

환경단체에서 '매향제'를 올리며 마산만을 살리자는 행사를 하는 시각에, 창원 남천에서 독극물인 크롬성분이 함유된 폐수가 다량으로 유출되는 사고가 발생했다. 이런 처지라면 갯벌에 향나무를 묻어두었다 해도 향기는 커녕 썩은 냄새가 날 것이 분명하다.

옛날에는 우물을 신성시하였고, 주변에 향나무를 심었다. 향나무의 뿌리가 뻗어 우물물을 향기롭게 하고, 구충기능도 해줘 물을 정화시키는 효력을 지녔기 때문이다. 아기가 태어나면 향나무가 있는 우물물을 길어다가 아기를 목욕시키고 산모産母에게 미역국을 끓여주었다. 아기의 심신과 일생이 맑고 향기롭기를 바라고, 산모도 건강하기를 염원한 배려였다.

봉암갯벌의 도요 떼를 보면서 썩은 갯벌에서 먹이를 구하여도 생명이 온전할 것인가, 독극물에 오염돼 죽지나 않을까 염려스러웠다. 그렇지 않으면 도요가 오염물에도 면역이 된 것인지, 또 봉암갯벌의 생태환경이 우려하는 것만큼 심각하지 않은지도 모르는 일이었다. 나는 봉암갯벌의 도요가 가여워서 견딜 수가 없었다. 하필이면 죽은 바다의 갯벌에서 먹이를 구하다가 낭패를 보면 어쩌겠느냐는 생각이 불쑥 들곤 했다.

우연한 자리에서 '매향제'를 열었던 주역의 한 사람인 환경운동가 L씨를 만나 궁금했던 봉암갯벌과 도요에 대해 물어보았다. 그는 봉암갯벌에 날아오는 새는 '좀도요'라 했다. 도요는 물가, 습지, 하구, 해안 등지에 범세계적으로 분포해 사는 철새로, 몸길이 12.5~61㎝의 소형에서 중형까지의 약 85여 종이 있다고 한다. 우리나라에도 36종이나 알려져 있어 도요의 종류를 식별하기는 전문가가 아니면 어려운 일이다. '좀도요'는 몸길이 15㎝ 정도다. 여름에는 등이 밤색을 띤 갈색으로 얼룩져 있다. 멱과 가슴 옆면에 밤색 세로무늬가 있으며 아래는 백색이다.

L씨 덕분으로 '좀도요'에 대한 놀라운 사실을 알게 되었다. 봉암갯벌에 먹이를 구하고 있는 불쌍한 새로만 여겼던 생각이 바뀌었다. 나는 좀도요의 비상을 생각하면서 몸을 떨었다.

좀도요는 병아리 반만 한 크기에 무게가 35g에 불과하지만 한 번 비상하기 시작하면 수천만㎞ 상공을 날아 1만 2000㎞의 거리를 4박 5일 동안 한시도 쉬지 않고 싱가포르까지 간다. 비행기로도 꼬박 7시간이나 걸리는 거리를 좀도요는 자지도 먹지도 않고, 밤이면 어두운 밤하늘을 날아야 한다. 피로하다고 해서 쉴 수도 없다. 땅에 내려 쉬어가면 되지 않겠느냐고 생각할지 모르지만, 한 번 땅에 내리면 다시 비상할 수 없다고 한다. 그러기에 생명을 건 모험의 날갯짓을 쉴새없이 할 수밖에 없다. 목적지에 도착해서야만 피로에 지친 날개를 쉴 수 있다.

사람이 쉬지 않고 얼마나 걸을 수 있을 것인가를 생각하면, 작은 좀도요의 비상은 참으로 놀라운 일이 아닐 수 없다. 망망한 허공을 오로지 자신의 힘만으로 며칠 몇 밤을 날아야 하는 좀도요.

먼 거리를 날아가기 위해선 갯벌에서 충분히 먹이를 주어먹지 않으면 안 된다. 목적지까지 날아가는 데 힘이 부치면 죽음을 초래하기 때문이다. 좀도요의 일생은 먹이를 찾아 비상하여 이동하는 일에 다 바쳐진다. 싱가포르에서 먹이를 구하다가 다시 호주로 가서 15일간쯤 지낸 다음, 우리나라에 와서 휴식을 취하고, 다시 시베리아로 날아간다. 일년에 지구 절반쯤의 거리를 날며 살아가는 좀도요다.

칠흑 같은 어둠, 뼈에 스미는 고독, 알 수 없는 두려움을 무릅쓰고 오로지 자신이 가야 할 곳을 찾아 마산 봉암갯벌에 온 것이다. 좀도요들은 무리 지어 수천만 상공에서 마산만에 내릴 것인가, 순천만에 내릴 것인가를 판단하여 한곳에 내리게 된다.

마산 봉암갯벌에서 먹이를 찾는 좀도요는 참으로 먼 곳으로부터 생명을 걸고 날아온 진객이다. 이 반가운 진객에게 악취가 나는 썩은 먹이를 먹게 하다가 급기야는 오염으로 병들어 죽게 만들지 그것이 큰 걱정이다.

썩어가는 봉암갯벌에 향나무를 묻어 침향을 얻길 바라는 마음은 다시금 청정의 바다를 살려놓자는 뜻이다. 좀도요가 마음껏 먹이를 찾고 비상할 수 있게 하자는 것이다.

나는 봉암갯벌을 지나치면서 갯벌에 묻어놓은 향나무에게 미안하다. 좀도요에겐 더욱 미안하다.

"물이 이런 빛이어선 안 되는데…."

"갯벌에서 제 향기가 나야 할텐데…."

갯벌에 주둥이를 박고 먹이를 찾다가 "칫, 치리리" 소리를 내는 좀도요를 본다.

차 | 상 | 주

여치 뿔다구 나다

우리 집에는 두어 평 남짓한 텃밭이 있다. 20여 년 전 이사 올 적에는 꽃밭이었다. 봄이면 흑장미가 요염한 자태를 뽐내었고, 천리향은 갓 시집온 새색시처럼 동네방네 지분脂粉을 뿌려대었다. 박태기나무, 치자나무, 영산홍, 호랑이발톱 나무 등이 심어진 예쁜 꽃밭이었다. 그런 꽃나무들이 시름시름 앓기 시작했다. 그저 꽃만 바라볼 줄 알았지 제때에 물 한번 주지 않고 내버려 둔 결과였다. 장미, 영산홍 등은 시들시들 병들어 갔고, 박태기나무 등은 이곳저곳으로 옮겨 심다가 결국 죽이고 말았다. 향나무는 장소를 많이 차지한다고 아예 베어버렸다.

하나 둘 없어진 꽃나무 사이에 집사람은 상추와 쑥갓 등을 심고 배추씨를

『문예한국』 수필 등단. 경남대 경영대학원 졸업. 진해문인협회장 역임. 저서 『F학점의 강사』 『왕바람을 맞다가 장대비에 젖다가』. 경남문협, 경남문학관 이사

뿌렸다. 어느 사이에 아담한 꽃밭은 채소밭으로 변해 버렸다. 살아남은 몇 포기의 영산홍과 치자나무 등은 화분으로 밀려났다. 화분에 옮겨진 꽃들은 2, 3일에 한 번쯤 물을 주지 않으면 뜨거운 물에 데쳐진 듯 축 늘어졌다.

가을도 깊어진 어느 날, 작년에 지리산에서 캐어 온 구절초가 생각났다. 화분을 찾았다. 토양과 기후가 맞지 않았음인지 올해는 달랑 두 송이만 꽃을 피웠다. 피어날 꽃대가 혹시 더 있을까 싶어 잎사귀 속을 요리조리 뒤집어 보다가 깜짝 놀랐다. 여치란 놈이 그 속에 숨어 살고 있지 않는가. 이 여치는 지리산에서 따라왔을까, 아니면 학교 언덕에서 날아왔을까, 이웃집 꽃밭에서 담을 넘어왔을까, 온통 시멘트로 덧칠한 이곳에 여치가 날아들었으니 신기할 수밖에 없었다.

도서관 맞은편 주차장에서의 일이다. 자동차 키를 뽑아들고 운전대 앞으로 돌아 나오다가 무심코 승용차의 보닛 위에 눈이 갔다. 놀랍게도 그 위에는 여치란 놈이 앉아 있는 것이 아닌가. 아침에 화분 속에서 본 그 여치였다. 참 희한한 일이다. 이 녀석이 집에서 내 차를 타고 왔을까. 아니면 새벽 일찍 집을 나와 근처 담벼락 밑에서 잠을 자다가 차에 뛰어올랐을까.

집에 돌아와 의문을 풀기 위해 구절초 속을 들여다보았다. 여치는 보이지 않았다. 근처 화분으로 옮겨가지 않았을까 하고 이 화분 저 화분 속을 샅샅이 뒤져보기도 하고 간짓대로 온 밭을 후려보아도 아침의 그 여치를 찾을 수가 없었다. 주차장에서 만난 그 녀석이 집에 있는 화분 속의 여치가 아닐까 하는 생각은 지금도 수그러들지 않는다. 오죽 답답했으면 바깥세상을 구경하려고 차에 올랐을까 하는 생각을 하니 그 녀석이 가엾기까지 하였다.

요즘 집 주변을 거닐다 보면 무엇을 잃은 듯 허전하고 삭막하기 그지없다. 쥐가 드나드는 구멍도, 쑥부쟁이가 곧장 뿌리를 내리던 벽 틈도 보이지 않는다. 편리하게만 살기를 원하는 시대의 산물인지는 몰라도 흙이나 빈틈이 보이기만 하면 시멘트로 구멍을 막아 땅이 숨을 쉬지 못하게 만들어버린다. 그러니 아무 곳에서나 흔하게 볼 수 있던 민들레나 강아지풀, 바랑이 등을 요즘에는 좀처럼 보기 힘들게 되었다.

어렸을 적 우리는 집 주변 논밭의 잡초 속에서 여치를 만났고, 방아깨비도 심심찮게 볼 수 있었다. 방아깨비를 만나는 날이면 우리는 그냥 지나치지 않고 단번에 잡아서는 놀이를 시작했다. 장난감이 귀하던 시절 방아깨비는 훌륭한 놀이 친구였다. 이 녀석의 뒷다리 종아리 마디를 엄지와 검지로 잡으면 엉덩이로 방아를 쉬지 않고 찧어댄다. 그러면 우리 개구쟁이 꼬마들은 그 동작에 구령을 붙여 가며 즐거워했다.

또 풀 속을 헤치다가 왕사마귀를 만나면 나방이나 메뚜기 등을 낚아채어 그 자리에서 아삭아삭 씹어 먹는 모습을 몰래 숨어 신기하게 바라보기도 했었다. 이놈을 잡으면 꽁무니에서 물을 배설한다. 이 물이 손등에 닿으면 사마귀가 생기고, 눈에 들어가면 눈이 멀 수도 있다하여 잡기를 무서워했다.

들과 숲 속에서 흔히 볼 수 있는 여치, 잠자리 등은 한철에 생겨났다가 찬바람 따라 사라지는 하찮은 한 마리 곤충에서 끝나는 존재가 아니다. 물 위를 유유히 걸어 다니는 소금쟁이, 근친 여부를 확인한 후 수컷에게 다가간다는 암컷 귀뚜라미, 얼른 보아 잠자리는 가을 하늘을 제멋대로 나는 것 같지만, 일정한 구역을 정해 날아다닌다고 한다.

그래서일까, 이들은 웬만한 환경이면 자족해 산다. 그렇지만 생존 자체가 어려운 막다른 지경에 이르면 성난 파도가 되고 태풍이 된다. 오랜 가뭄 속에서 황폐화된 아프리카의 들판을 휩쓸고 날아가는 수억만 마리의 메뚜기 떼를 보라. 그들을 어찌 보잘것없는 생물이라고만 할 수 있겠는가.

조지 오웰의 소설 『동물농장』을 보면 인간들로부터 학대받던 동물들이 단결해 인간들을 내쫓고는 농장을 차지한다. 동물들은 일제히 "차별 없는 세상을 만들자. 모든 동물들은 평등하다."고 부르짖고 있다.

지금 농촌 곳곳에서는 이들의 공격이 이미 시작되고 있다. 먹이를 얻지 못한 까치들은 폭음탄이 터져도, 그물을 쳐 놓아도 두려워하지 않고 끈질기게 대든다. 농촌에서는 멧돼지들이 굶주림을 견디다 못해 밭농사를 뒤집어 놓으며 사람을 공격하고 있다.

오늘 여치의 여행은 단순한 낭만의 나들이가 아닌, 파괴되어 가는 자연질서에 대한 말 없는 항의이며, 문명의 횡포에 대한 도전이라 생각할 때 나는 잠깐 물러앉은 자리에서 인간의 오만에 대해 다시 생각하게 된다.

여치는 지금 어느 아파트 건축공사장이나 고속도로에서 잃어버린 고향을 찾아 헤매고 있는지 모르겠다.

하 | 길 | 남

생명, 그 미완성의 변

나이 탓일까, 나는 가끔 작은 실수를 저지르는 편이다. 식사를 하고 손수건으로 입을 훔쳤는데, 입술에 작은 고춧가루 하나쯤 붙어 있다든지, 어쩌다 보일 듯 말 듯 콧물을 보인다든지, 눈에 눈곱처럼 작은 티 하나 붙어 있다든지, 아무튼 칠칠치 못해 탈이다. 어느 때는 이마에 작은 상처를 입어 피부색 약을 바르고 다닌 경우도 없지 않다. 또 밥을 먹다가 혀나 입술을 깨물어 고생한 일도 떠오른다.

또 양복은 단정히 입었으나, 옷깃이 뒤로 들려 있는 경우도 있었다. 잠시 남방이나 와이셔츠의 단추를 하나쯤 잠그지 않고 풀어놓은 채로 길을 나선 경우도 기억난다.

1978년 『수필문학』 등단. 한국수필문학 대상, 월간수필문학 대상 등 다수 수상. 수필집 『흔적』 등 12권. 제1회 한중 수필심포지엄 등 국내외 수필심포지엄 주제발표. 『월간문학』, 『수필문학』 등 12개 문예지에 월평 및 계간평 집필, 세계시인협회 회원, 한국현대시인협회 기획위원, 한국문학비평가협회 이사 등

뿐만 아니라, 단추를 제자리에 맞게 끼우지 않고, 한 단 위나, 아래서 끼워 옷이 구겨진 채로 볼일을 본 사례도 없지는 않았다. 그런가 하면 식사를 하다가 바지에 국물이나, 초장을 흘려 얼룩이 진 사례도 상기된다. 야외에서 놀 때는 아무 곳에서나 앉아 바지 뒤쪽에 희미하게 풀물이 묻어 보기 흉해진 것도 모르고 시내를 돌아다닌 적도 있었다.

사실 나는 집에서 가까운 시장 같은 곳에 갈 때는 성가신 구두를 신지 않고, 슬리퍼를 그냥 신고 가거나, 여자신이라도 편하면 그대로 끌고 다닌다. 언제나 내 편한 것이 장땡이요 진리요 정의라는 생각에 변함이 없다. 사회통념상 굳이 경범죄에 해당되지 않는다면 말이다.

그런데 나를 잘 모르는 이는 "얼굴에 먼지 한 점, 미끄러지겠군" 하는가 하면, "첩첩산골 개울가의 흑잠자리같이 말쑥하다."는 등 공치사를 한다. 물론 세상 사람들은 품격을 들먹이겠지만, 그 캐주얼Casual적, 초월적 자적自適함, 일탈의 순명順命 같은 수필적 삶을 나는 살고 싶은 것이다. 파격의 도道가 원효대사의 지팡이를 흔들고 가듯이 말이다.

이렇듯 사람은 천성적으로 미완성품이었기에 거기에 걸맞게 길들여지려는 것인지 모를 일이다. 인간의 고통은 미완성품이 지닌 한계상황, 그 운명의 곡절일 것이다. 어찌 신에게 고통이 따를 수 있겠는가. 그러나 미완성인 사람에게는 이 고통 때문에 일생 동안 기도를 하고, 수행을 게을리 하지 않는다.

역사적으로 조각가들은 두 가지 기술을 기본적으로 사용하였다. 그 하나는 조소기법이고, 또 하나는 조각기법이다. 잘 알다시피 조소기법은 진흙, 밀랍 등 재료를 조금씩 붙여 나가면서 모형을 만들어가는 기법이다, 이에 반하여 조각법은 나무, 돌 등 재료들을 자신이 원하는 형태로 깎고 다듬어 간다.

이때 손끝으로 온몸을 짓누르고 떼어내고, 칼끝으로 사정없이 찌르면서 깎아버린다. 우리들의 원한과 질투와 시기와 이기심 등 모든 잘못, 그 죄악들을 말이다. 부단히 자기를 통제하고 개선하지 않으면 미완성이 낳은 타고난 불만과 분노에 의해 스스로 저격당하게 된다.

사람들은 마침내 숯검정이 되는가
아스피린 몇 알을 집어삼키고도
감기는 숯불처럼 조금씩 피어오르고
와사증 들린 바람 소리로 강이 우는가
넉넉하게 달아오른 연탄 아궁이만큼이나
하릴없이 사람들은 시름시름 죽어가는가

'왜' 라는 제목의 김재진 씨의 시 일부이다. '넉넉하게 달아오른 연탄아궁이만큼이나, 사람들은 하릴없이 시름시름 죽어가는가' 라는 진술은, '하릴없이 고함을 지르면서 왜 태어나는가' 하는 질문을 포함하게 되는 것이 아닌가. 섬뜩한 생각마저 든다.

가난하지만 행복한 나라로 알려진 부탄의 1인당 국민소득은 2천 년대 초반 수백 달러에서 요즘 5천 달러로 급성장했다. 그런데, 국민행복지수는 오히려 떨어졌다고 한다. 그렇다면 인간의 행복은 어디에 있는가. '행위가 수반되지 않아도 생각만으로 죄는 성립된다' 고 가르치기도 하고, '번뇌를 쉬게 하라. 거기에 행복이 있다.' 고 가르치기도 한다. 문학은 사람을 원죄로부터 구원하려는 노력이다. 그렇다. 수필은 나를 완성으로 인도하려는 삼천갑자三千甲子의 아우성이다.

河|鐘|甲

멍석의 추억

사람들은 간혹 잊고 살았던 옛것에 대해 새로운 감회를 느끼는 경우가 있다. 쓰임새가 많았던 시절에는 하잘것없이 여겼고 지금은 소용조차 없는 것이지만 가슴이 촉촉하게 적셔져 올 만큼 생경스런 모습으로 다가오는 것은 마음의 밑바닥에 가라앉아 있던 추억이 거품처럼 솟아오르기 때문일 것이다.

유물관이나 박물관의 손때 묻은 생활용구를 보면서도 그러할진대 옛것이 아직도 용처대로 쓰이고 있음을 보고 형언할 수 없는 감회가 솟아나는 건 당연한 일일는지 모른다.

얼마 전 저녁 무렵, 집안일로 고향에 갔었다. 모두들 고향을 등지는 세상

수필가. 경상남도문화상 수상. 진주문인협회장 역임. 저서 『한국인의 정서』 『남해안의 민속신앙』 『애나가 선생』 등 다수. 한국문협, 국제펜클럽 회원. 전 경남일보 편집국장(이사)

에 용케도 아들 내외와 손자를 거느리고 농촌을 지키는 고향집 옆집 앞에서 발걸음을 멈추고 말았다. 대문도 없는 집 마당 가운데 멍석을 깔고 식구들이 오순도순 모여 저녁식사가 한창이다. 내가 유년기 때 장가를 드셨으니 환갑이 다 되었을 '이웃 아저씨' 는 어서 오라고, 저녁을 같이 먹자고, 아니면 막걸리로 목이라도 축이라고 자리를 비껴 주며 앉을 곳을 만들어 주는 권유에 못 이겨 비집고 앉았다.

권유를 못 이긴 게 아니라 못 이기는 체했다는 게 옳은 표현인지 모른다. 상 위에는 도회지에서 맡지 못했던 구수한 냄새가 진동한다. 소쿠리에는 상추와 풋고추가 가득 담겨 있고 밥 위에 얹어 쪄 낸 된장. 가지나물에 열무김치, 오이냉국과 갈치자반, 깻잎절임, 마늘장아찌 등 어느 것 하나 구미가 당기지 않는 게 없다. 쥐포무침과 하얀 쌀밥이 상 위의 분위기에 어울리지 않지만.

냉장고에서 갓 꺼내온 막걸리 맛이 기가 막힌다. 집안 어른들과의 저녁 약속만 없었다면 허리끈을 풀어놓고 분위기에 취해 보련만. 기다리는 어른들을 향해 '억지 발걸음' 을 해야 했다. 5대 선조의 제사가 끝나고 이젠 시사를 모셔야 하는 일 때문에 모인 자리, 고향 집에도 음식상이 마당에 차려져 있다. 그러나 그곳의 자리는 멍석이 아니라 푸른색 두꺼운 비닐이다. 차려진 음식도 도회지에서 늘 대하던 것이고 술은 맥주다. 어른들 틈 속에서 먹는 음식에 젓가락이 갈 때마다 옆집의 구수한 음식냄새와 분위기가 어른거려 별 맛이 없다. 음식맛도 그렇거니와 옛날 유년기의 추억을 되살려준 마당의 멍석이 자꾸만 머릿속에 비집고 들어와 마음은 윤활유 없이 돌리는 기계처럼 황당해진다.

저녁상을 물리고 나면 가족끼리 오순도순 멍석 위에 앉아 시원한 저녁바람을 맞았었지. 밤이기 때문에 더욱 영롱한 하늘에는 보석을 쏟아부어 놓은 듯 별이 총총 반짝이었다. 마당가의 논에서는 오뉴월 소낙비 내리는 듯한 개구리 울음이 밤의 정적을 깨트리고 여기에 질세라 동네 개들도 기세좋게 짖어댔다.

여기에 맹꽁이가 울음에 답하고 이름 모를 풀벌레, 둥지 찾는 산새까지 어우러져 여름밤은 자연이 빚어낸 웅장한 오케스트라의 화음 속에 묻힌다. 울타리를 지주 삼아 자라난 풀밭에는 개똥벌레가 짝짓기에 여념이 없고, 쑥과 잔디, 생풀이 함께 타는 모깃불 더미 속에는 감자가 익어가고 있다.

할머니가 해 주던 옛날이야기 '호랑이보다 무서운 곶감' 이나 '도깨비와 친해 부자 된 착한 나무꾼' 얘기가 끝날 무렵이면 다 익어 있던 감자와 옥수수. 이런 낭만이 없었다면 비바람 속의 모진 여름을 어떻게 넘겼을까.

몸보다 마음의 건강이 중요하다고 했다. 멍석 깔린 여름밤의 마당이 있었기에 여름날의 건강을 유지할 수 있었을 것이다.

집안 아저씨께 물었다. "멍석이라도 깔지, 비닐자리가 뭡니까?"

"무슨 소리고. 요새 멍석이 어디 있노." 바빠 죽겠는데 왜 쓸데 없는 소리냐는 투다.

이젠 없어진 멍석. "요새 이렇게 편리한 비닐자리가 있는데 멍석이 다 뭐꼬." 덧붙이는 말에 갑자기 소중한 것을 잃은 듯한 느낌이 든다. 그만큼 멍석은 두드러지게 드러나진 않았지만 농촌생활에 없어서는 안 될 요긴한 생활용구였다.

겨울 한철 헛간에 둘둘 말려져 '겨울잠' 을 자는 경우가 있긴 하지만 사시사철 방이나 마루만큼 두루 쓰였다. 좋은 날, 사람이 태어나 가장 큰일을 치르는 혼례 날. 차일이 쳐지고 화조병풍 가운데 마련된 혼례청에도 멍석이 깔려 신랑 신부가 절을 주고받았다.

그뿐인가. 선남선녀의 백년가약을 축하해 주는 하객들의 잔칫상도 멍석 위에 차려졌다. 연회장으로서의 구실을 하던 멍석은 그늘이 좋을 정도로 더운 날씨가 되면 마당의 주인공이 됐다. 방과 마루가 좁은 우리나라의 가옥

구조상 바깥 생활이 불가피한 형편이고 보면 마당의 멍석 위에서 여름밤을 보냈던 것이다.

가을이면 멍석도 풍성했다. 거둬들인 곡식이 멍석 위에 깔려 가을 햇볕에 말라 갔다. 적당하게 건조된 곡식이 곳간으로 옮겨지고 나면 겨우살이의 양식이 준비됐다. 초가지붕에서 여물어진 박을 따내 만든 바가지가 말라가고 덜 여문 박은 박고지를 만들어 멍석 위에서 말렸다.

껍질을 벗기고 속을 파낸 늙은 호박이 그랬고 가지며 토란줄기, 무말랭이, 아주까리잎, 도라지, 고구마줄기 등도 멍석에 말렸다. 이것들은 겨울 식탁에 없어서는 안 될 중요한 밑반찬이다. 멍석에는 이런 것들만 말리는 게 아니다. 빨간 고추를 멍석 위에 말리는 모습은 가을의 대표적인 정경이다. 사진작가들의 작품 속에 자주 등장하는 것도 가을농촌의 상징이 되고 있기 때문이다. 한순간의 햇볕도 아까운 듯 지붕 위에 멍석을 깔고 빨간 고추를 말리는 풍경은 정겹기조차 하다.

멍석의 쓰임새는 '자리' 구실로 끝나는 것은 아니다. 윤리사회의 기강을 바로 잡는 형틀이 됐으며 재난 때 재산을 보호하는 방패가 되기도 했고 전쟁통에는 목숨을 지켜주는 성벽이 됐다. 남의 재물을 훔치는 도둑, 도둑보다 더 죄질이 크다는 불륜, 남에게 죄를 덮어씌우는 무고 등 마을의 화평을 어지럽히는 사람을 단죄하는 '멍석말이'. 마을 사람 모두가 모인 가운데 벌어지는 '어른'의 준엄한 추단推斷의 큰 형벌이 멍석말이다.

체벌은 관의 재판만이 할 수 있는 일이고, 사형私刑에서는 체면을 존중하는 사고방식을 이용하여 '체면깎기'를 중벌로 여겼다. '죄인'에게 멍석말이 판정이 내리면 죄인을 멍석에 누이고 둘둘 말아서 벌을 줬는데 '멍석말이 당한 사람'이란 낙인이 찍히면 그 마을에서 얼굴을 들고 다닐 수가 없었다. 결국 마을을 떠나는 길밖에 없어 멍석말이는 간접적인 추방과 다를 바 없었다. 초가집에 불이 나면 물동이와 함께 가장 먼저 챙기는 게 멍석이다.

지붕 위에 번지는 불을 멍석을 덮으면 됐기 때문. 멍석은 촘촘하고 단단하게 엮어져 불이 붙지 않았다.

이뿐만 아니라 멍석은 옛날 성능이 좋지 않았던 시절의 총알이 뚫지 못했다. 동학란 때 성벽에 멍석을 빨래처럼 걸어 일본군과 맞섰던 동학군의 용맹은 익히 알려진 바 있다. 총앞에 활과 칼로 맞섰던 동학군에게 멍석의 요긴함은 나라사랑의 증표가 되기도 했다.

일상생활과 재난에 긴요하게 쓰였던 멍석. 세월의 변화는 멍석보다 편리한 용구가 등장하는 바람에 두엄이 된 지 오래다. 그것은 멍석을 만드는 방법조차 알 수 없게 된 문명사회이지만 멍석에 관한 정서조차 쓸어버릴 수는 없을 것이다. 아직도 마당에 깔린 멍석을 보면 옛것에 대한 정다움과 추억이 되살아나는 것을 보면.

한 | 후 | 남

生命, 그 무한한 존엄성

5월의 신록은 눈부시게 피어오르는데 여기저기서 가슴 저린 보도가 빗발치고 있다.

아흔이 넘은 노인이 3년 넘게 병수발 들던, 치매 걸린 아내의 목숨을 끊고 자신도 따라서 음독자살을 했다. 생활고에 허덕이던 가장이 승용차 안에서 발버둥치는 아이들에게 수면제를 먹이고 아내와 손을 꼭 잡고 숨졌다는 뉴스도 있다. 어디 이뿐인가. 앞길이 창창한 청소년들이 성적을 비관해서 고층 아파트에서 종이비행기처럼 가벼이 몸을 날리고 있다. 그리고 2천 9년 5월 23일, 안타깝게도 노무현 전 대통령이 봉화마을 사저 뒤, 부엉이바위에서 몸을 던져 자연으로 돌아갔다.

강릉 출생. 이화여대 사범대학 교육학과 졸업. 『수필문학』 천료. 남명문학상신인상 수상. 수필집 『시간의 켜』. 경남문협 · 경남문학관 이사, 한국문협, 창원문협, 경남수필문학회, 경남여류문학회 회원. 성주사 『곰절』 편집위원. 창원YWCA 문예창작교실 수필 강사.

97년 칸 영화제에서 황금종려상을 수상한 압바스 키아로스타미 감독의 〈체리향기The Taste of Cherry〉는 한 남자가 자살을 시도하려는 간단한 줄거리를 이란의 황톳길을 배경으로 섬세하게 찍은 영화이다.

한 사내가 자동차를 몰고 황량한 벌판을 달려간다. 사막의 황토바람이 휘몰아치는 뿌연 화면 속에서 주인공 바디는 자신의 시신을 묻어줄 사람을 찾아내고자 방황한다. 영화 중반부까지도 도무지 제목이 상징하는 체리 향기는 풍겨올 기미가 없다. 이즈음에서 성미가 급한 사람은 화면을 꺼버릴 수도 있을 것 같다. 프랑스 영화처럼 관람자의 끈질긴 참을성을 필요로 하나보다.

압바스 키아로스타미 감독이 직접 각본도 쓴 이 영화는 작자의 의도가 적확하게 찍혀 고스란히 화면 속에 녹아 있다. 생명의 존엄성을 다룬 영화이니 만치 어느 장면 하나 소홀함이 없다. 그렇다! 목숨의 소중함은 아무리 강조해도 지나침이 없다. 우리 동양적 사고로는 '신체발부 수지부모 감불훼상 효시지야身體髮膚 受之父母 敢不毁傷 孝之始也' 부모님이 낳아주신 몸을 털끝만큼이라도 상하지 않게 하는 것이 효의 시작이라고 했다.

바디는 차를 몰고 자신의 시신을 묻어줄 대상을 찾다 제일 처음 농부와 만난다. 가난한 농부에게 평생 먹고도 남을 돈을 대가로 주겠다고 하자 농부는 어떤 일인가를 꼬치꼬치 묻는다. 가능성이 희박하다는 것을 알아차린 주인공은 "일꾼에게 땅을 파라고 시킬 때, 뭘 지을지 묻던가? 병원을 지을 건지, 학교를 지을 건지."라는 반문을 남긴 채, 이미 시선은 다른 사람을 물색하고 있다.

두 번째로 만난 인물은 귀대를 위해 몇십 리를 걸어온 지친 군인이다. 주인공 바디가 자신이 묻힐 구덩이를 보여주자 피곤에 절은 군인은 자신의 처지가 아무리 어렵더라도 그런 옳지 못한 일에 관여할 수 없다며 차에서 내려 도망치듯 진흙구릉을 달려 내려간다. 허탈한 사내는 때마침 창공을 향해 날아오르는 새떼를 올려다보며 자신의 처지에 더욱 더 절망하고 있는 걸까? 이제 그의 얼굴 표정은 굶주린 맹수처럼 섬뜩한 적의를 드러내고 있다.

세 번째 만난 신학생은 여름방학에 단순노동을 하고 겨우 2천 토만을 벌어 학비에 보탠다고 했다. 바디는 20만 토만을 줄 테니 자신의 부탁을 들어달라고 하자, 차분하게 생긴 신학생은 코란에 들어 있는 자살에 관한 대목 '인간은 자신을 죽일 수 없다. 육신은 하느님이 인간에게 위탁한 것이기 때문에 학대하면 안 된다' 를 들려준다.

바디는 진정한 모슬렘으로서 자신을 이해해달라고 신학생을 설득하려 한다.

"불행하게 사는 것도 때론 큰 죄가 되지, 자신은 물론 가족과 친구 등 다른 사람까지 괴롭히게 되지!"

바디의 간청을 신학생은 한마디로 거절한다. "남을 죽이는 것과 자신을 죽이는 것이 어떻게 다르죠? 자신을 죽이는 것도 살인이에요!"

모든 사람으로부터 자살 방조를 거절당한 바디는 시멘트공장의 석회석 분쇄기가 돌아가는 모습을 우두커니 지켜보며 죽는 것도 사는 것 못지않게 어려운 일임을 절감한다. 분쇄기 속으로 떨어지는 돌덩이들이 저무는 해를 등지고 망연자실 언덕 위에 서 있는 바디의 그림자를 일그러뜨리고 있다. 뿌옇게 일어나는 먼지 속으로 바디의 실체마저 삼켜지고 있다. 희미하게 드러나는 사내의 얼굴은 그동안 10년은 더 늙어 보인다.

주인공 바디가 만난 몇몇은 모두 죽고 싶은 바디의 상황을 이해하려 하지 않았다. 사정을 들어보기도 전에 사내로부터 도망칠 생각에 바디의 아픔을 자신의 몫처럼 끌어안는 수고를 하지 않았다. 어쩌면 바디가 끊임없이 내뱉는 '죽고 싶어, 죽고 싶어!' 하는 절규는 삶에 대한 간절한 애착이 역으로 표현된 것일지도 모르겠다. 가장 좋은 카운슬러는 내담자의 얘기를 귀담아 잘 들어주는 사람이라는 것을 보더라도….

드디어 바디는 목숨을 건져줄 임자를 만나게 된다. 다른 사람과 달리 노인은 처음부터 흔쾌히 부탁을 들어준다. 내일 해가 떠오르면 바디의 시신을 구덩이에 묻어주겠다고… 그리고 바디를 설득한다.

사막에서 35년간을 갇혀 살았다는 노인은 바디의 청을 듣자, 감상은 보다 더 중요한 곳에 쓰라는 충고와 함께 자신의 얘기를 들려준다.

1960년, 노인은 빈곤한 생활을 비관해서 동이 트기 전에 산에 올라 나무에 목을 매려 했다. 그러나 온 산을 덮은 운무 때문에 밧줄이 단단히 매이지 않아 자신의 의지와는 달리 숨이 끊어지지 않았다. 태양이 떠오르며 주위의 사물이 어렴풋이 눈에 들어오고 어디서 달콤한 향기가 번져왔다. 체리 향이었다. 밧줄을 맨 나무가 노인의 목숨을 구한 체리 나무였던 것이다. 체리를 한 알 따서 입에 넣자 달콤새콤한 맛이, 인생은 아직 살 만하다는 깨달음을 몰고 왔다.

노인은 노회한 눈빛으로 바디에게 묻는다.

"당신, 터키인이지? 몸은 괜찮은데 마음이 병들었어, 생각을 바꾸면 세상이 달라 보여."

자연사박물관 박제실에서 일하는 노인은 바디의 골격을 꿰뚫어 보았던 것이다. 한창때의 인생은 달리는 기차와 같다며 종착역은 바로 죽음이라는 것을 상징적으로 비유한다.

좀 전의 사람들과는 달리 노인은 무미건조한 황톳길을 버리고 다른 길로 가자고 한다. 그 길은 아름다운 단풍으로 물든 계곡이었다. 바디가 가고자 했던 죽음의 길과는 달리 활기차고 눈부신 세상이 펼쳐지고 있다.

"우리는 모르는 사이지만 당신이 세상을 떠나도, 남아도 난 친구요, 어떤 경우든 난 당신의 친구요!"

노인이 걸어 들어가고 있는 박물관의 아치문이 마치 뭉게구름처럼 아름답게 피어오른다. 당초문양으로 장식한 창살 사이로 노인의 마음처럼 따뜻하고 환한 빛이 투과된다.

그날 밤, 천둥이 치고 정전이 되고 구덩이 안에 누운 바디의 얼굴이 번개가 칠 때마다 번쩍번쩍 드러난다.

허 | 숙 | 영

생명은 그 무엇이나 소중하다

시원한 물에 발을 담그고 싶은 계절이면 생각나는 일이 있다. 아이들이 초등학교에 입학하기도 전이니 오래된 일이다.

그해 여름 다른 몇 가족과 우리는 더위를 식힐 물을 찾아 나섰다. 가까운 냇가에서 남자들은 매운탕 거리를 잡아 오겠다며 조금 떨어진 하류로 천렵에 나섰고, 아이들은 곧바로 물에 뛰어들었다. 냇물은 그리 깊지 않아 아이들 놀기에 안성맞춤이어서 우리 여자들은 걱정 없이 둔덕의 나무그늘에서 늘어지게 잡담을 하고 있었다. 평화로웠다. 그렇게 얼마나 지났을까.

"아이가 물에 빠졌다!"는 고함 소리와 함께 언덕 위의 사람들이 달려 내려갔다. 나도 물론 바람같이 뛰었다.

경남 진주 출생. 『한국수필』 신인상 수상

웅성거리며 둘러선 사람들 틈새로 본 아이는 푸르스름한 얼굴을 하고 축 늘어져 있었다. 이미 늦은 것 같다며 혀를 끌끌 차는 사람도 있었다. 누군가 급히 인공호흡을 시켰다. 좀체 깨어나지 않던 아이가 물을 조금 토해낸 건 꽤나 시간이 흐른 뒤였다.

그때서야 그 광경을 멍하니 바라보던 내가 정신을 수습하고 내 아이들을 찾았다. 새파랗게 질린 큰아이가 옆에 있었다.

"동생은?"

큰아이의 손끝은 누워 있는 아이를 가리키고 있었다. 그 순간 나의 몸은 마비가 된 듯 움직여지지 않았다. 죽어가는 아이가 우리 막내라는데 나는 구경만 하고 있었던 것이다. 믿을 수가 없었다. 내 아인 줄 알면서도 무의식 중에 현실을 거부하고 싶었는지도 모른다.

가까이 있던 한 젊은이가 차를 대기시켰고 나는 등 떠밀려 남의 차를 타고 인근의 대학병원 응급실로 향했다. 가는 도중에 그는 이런 위급한 상황에서는 아이 아빠가 운전을 하면 또 다른 사고를 낼 수 있다는 등의 말로 나를 안심시키려 했다.

뒤미처 남편이 달려왔고 위급상황에서 벗어난 다음 날에야 나는 제대로 숨을 쉴 수가 있었다. 정신을 가다듬고 보니 우리 아이를 살려준 고마운 사람들에게 인사도 못했다는 걸 깨달았다.

사람은 어리석어서 큰일을 치르고 나서야 자신의 잘못을 뒤돌아본다던가. 나는 그때서야 내가 잘못한 일이 무엇인지 되짚어보기 시작했다.

그 일 때문인 것 같았다. 두어 달 전 아버님께서 바위 덩어리만 한 시커먼 황소개구리 한 마리를 잡아 오셨다. 온 들을 휘젓고 다니며 물고기와 개구리의 씨를 말려 황소개구리 잡기에 동네 사람들이 모두 나섰다고 한다. 몸이 허약해 연중 서너 달은 입원을 하는 막내 녀석에게 보양식으로 고아 먹이라고 했다.

참기름을 두르고 달군 솥에 넣었다. 내장까지 깨끗이 제거되어 죽어 있던 그 놈이 펄쩍 뛰어나온 것은 내가 솥뚜껑을 닫고 잠시 방심한 그때였다. 뒤로 나자빠지지 않은 게 다행이었다. 남편까지 가세해서야 뽀얗게 고아진 국물을 아이에게 먹일 수 있었다. 아이에게 몇 숟갈을 떠먹인 순간 그날이 초파일이라는 생각이 머릿속을 스쳐 지나갔다. 아침에 TV에서 보았던 장면이 왜 그때서야 떠올랐을까. 앞뒤 생각 없이 내 아이만 생각하고 저지른 일이었다.

부처님 오신 날 살생을 했다는 생각이 한동안 떠나지 않았다. 생태계를 교란시켜 잡아 없애야만 하는 황소개구리지만 그래서는 안 되었다.

생각이 거기에 미치자 온몸의 미세한 털까지도 곤두서는 듯했다. 잠시지만 산소가 차단된 아이의 뇌에 이상이 생기지는 않을까 전전긍긍했다. 내 아이 보양식으로 다른 생명을 죽였으니 벌을 받아 마땅하지만 다시는 죄짓지 않겠다고 빌고 또 빌었다.

아들 녀석이 퇴원을 하고 얼마 후 우리는 사고 장소에 들렀다. 아이들이 놀던 얕은 물 바로 위에 물웅덩이가 깊게 파여 있었다. 공사현장을 메울 흙을 파내가고 그대로 방치해 둔 것이라고 한다. 언젠가는 사고가 날 줄 알았다며 그만하기 천만다행이라고들 한다. 그 동네 어른들에게 수소문을 해 보니 우리 아이를 구해낸 사람이 그 동네 사람이라고 한다. 고맙고 반가웠다. 우리는 서로 형제처럼 손을 잡았다. 자주 왕래하며 형제같이 지내자고 했더니 그댁의 어른들이 더 기뻐했다. 한동안은 고마움의 표시를 하고 지냈다.

세월이 흐르면서 형제처럼 지내겠다는 그 약속도, 다시는 죄짓지 않겠다던 그 맹세도 흐지부지되고 말았다. 해마다 여름은 오고 그날의 일은 생생한데 은혜 갚겠다던 마음은 희미해져 버렸다. 남편은 어느새 그 일을 잊었는지 오늘도 낚싯대를 메고 나간다.

취미생활로 낚시와 사냥은 하지 말아야 된다는 어느 보살님의 말씀이 귓바퀴에 맴돌아 나는 남편을 만류해 본다. 모든 생명은 다 소중하다고.

허 | 표 | 영

풀어놓기

집에서 기르던 분재들을 대문 밖으로 들어낸다. 오랜 취미생활로 배양해 오던 것들로 수십 개쯤 된다. 이사 가는 집으로는 다 가져갈 수 없어 처치곤란이다. 상품성을 갖추지 못한 탓으로 매도는 엄두도 내지 못하고, 아는 사람들에게 어느 정도 갈라주고도 이만큼 남았다.

분재를 대문 밖으로 내놓은 것은 헝클어진 심사를 달래보려는 마음도 들어 있다. 그렇게 중요하지도 않은 일들로 가까운 사람과 사이가 틀어졌다. 사실과 다른 소문도 들려 속이 끓던 중이었던 것이다. 죄 없는 분재를 들어내 분풀이를 하려든다.

나무들은 소장한 세월만큼 정이 배여 있다. 소사나무는 작고 귀여운 새

월간 『수필문학』 추천완료 등단. 수필집 『그대를 위한 시간』. 한국문협 · 경남문협 · 진주문협 · 경남수필문학회 회원, 한국수필문학가협회 · 수필문학추천작가회 이사. 전 진서중고등학교장

눈이 돋을 때가 경이롭고, 곰솔은 성장한 잎이 고태의 줄기를 덮을 때 싱그러우며, 원색으로 물드는 화살나무의 단풍은 환상적이고, 모과나무의 나목은 경탄을 불러온다.

들여다볼수록 이것들은 자연미의 축소판이다. 웅장하고 화려한 모습을 상상하며 크기를 줄여서 집 안으로 들여놓은 것이다. 늘 곁에 두고 감상하자는 의도다. 분갈이를 제때하고, 햇볕, 시비, 관수 등을 잘하면 사람보다 오래 살 수 있다고 한다.

분재는 줄기와 가지 뻗음에 묘미가 있다. 수종의 특성을 살려 인공의 솜씨를 가해 모양을 만든다. 굵고 가는 철사로 얽어매는 것이다. 그리고 가지치기, 잎 자르기와 뽑기, 꽃 피우기와 배치 등 소장자의 정성과 손질이 덧붙여진다.

나눠주고 남는 것은 고향의 밭에다 묻어두기로 했다. 분재에서 해방시켜 자연목으로 자라게 할 것이다.

해송의 줄기를 감은 철사를 벗겨낸다. 묘목부터 키워온 어린것을 친구가 건네준 것이다. 전체 모양은 삼각형으로 가지 배열도 균형이 잡혔고, 잎들은 윤기가 흐르고 힘이 넘친다. 철사가 곡을 만들며 감겼던 곳의 살점은 패여 있고, 곁에 기형적으로 군살도 돋아났다. 안쓰럽고 미안하다는 생각도 들지만 아름다운 자태를 만들기 위해 이 정도는 참아야지 하고 다독거린다. 사람들도 미모를 위해 두려움과 부작용의 부담을 안고 성형의 칼 아래 눕지를 않던가. 나무나 사람이나 오랫동안의 아름다움을 위해 순간의 고통을 견뎌야 하는가 보다.

나무를 분에서도 들어낸다. 뿌리가 좁은 틀 속에 엉겨 빼내기가 쉽지 않다. 흙도 별로 없는 플라스틱 통 속에 가둬놓고 살아가라 강요했다. 갈증을 적실 만한 물만 뿌려주며 목숨을 이어가라 했다. 얄팍한 내 나름대로의 분재 기르기 상식으로 나무의 생존을 맡아왔던 것이다.

집의 애들도 이런 방식으로 길러온 것은 아닐까. 내 기준과 판단으로 성장하는 애들에게 갖은 제약을 가했고, 안 된다, 하지 마라가 대부분의 요구였을 것이다. 내가 의도하는 대로 크도록 부정의 철사를 감으며 강압의 분속에 가둬놓았는지도 모른다. 갖가지 강요와 통제에 애들은 위축되었을 것이다. 부모의 눈치를 봐가며 지닌 꿈을 펼치기에 힘들었을 것이다. 애들을 감고 있던 마음의 철사를 풀어놓던 날, 염려스러우면서도 정말 홀가분했었다.

산 밑에 심은 나무는 되도록 손을 대지 않을 것이다. 제멋대로 크도록 내버려둘 것이다. 억지로 유도하고 강요하지 않더라도 모양을 갖추며 성장할 것이다. 주어진 토양과 햇볕에 순응하며 자연스런 형상을 이루어 갈 것이다.

분재가 철사감기와 분 속에 갇혀 있듯 내 마음도 옭매인 상태로 닫혀 있다. 상대방의 이해할 수 없는 언행에 마음은 더욱 칭칭 동여매 감겨들었다. 어지간해서는 풀고 싶지 않을 정도로 조여들었다. 오해는 새로운 형태의 줄기를 키우며 괴로운 형상을 만들었다.

철사의 사슬과 화분의 틀에서 풀려난 분재를 본다. 감기고 갇혔던 상태를 벗어나니 자유롭고 편안해 보인다. 내 가슴속까지 시원하다. 나도 마음을 감은 철사를 풀어야 하는가 보다. 비틀어진 마음이 제자리로 돌아오도록 조였던 것을 놓아주어야 한다. 좁고 알량한 내 나름대로의 판단으로 스스로의 마음을 옭아매고, 가둬둔 상태로 괴로워해왔다.

분에서 풀려난 분재들이 이제 살겠다는 듯 자유를 만끽하는 것 같다.

許 | 學 | 秀

적자생존과 약육강식

인간은 이성을 가진 고등 동물이다. 더욱이 생물의 세계에서는 적자생존이나 약육강식은 순리이며 이법이기도 하다. 개와 고양이에게 집을 지키고 쥐를 잡는 훈련을 시키는 것은 당연한 일인지도 모른다. 파리와 모기를 안전한 곳으로 모실 필요는 없고, 메뚜기와 여치가 엎고 뒹굴며 즐긴다고 해서 사람이 피해 갈 수도 없는 일이다.

간밤에는 벼가 패기도 전에 산돼지가 현장을 답사하고 갔다. 낮에는 그늘진 숲속에서 실컷 자고 밤이면 먹이가 산재한 들판으로 내려온다. 그들은 마음 놓고 놀 수 있는 넓은 운동장에 수많은 먹이를 제공한 인간을 내심 고맙게 여길 것이다.

경남 산청 출생. 한국수필문학상, 황조근정훈장 수상. 경남수필문학회, 수필문학작가회 회장 역임. 저서 『짧은 만남 긴 이별』 『사랑과 미움의 세월』 『산청민요집』 외 다수. 한국수필문학가협회 이사. 중등교장 퇴임

두말없이 산돼지와 집돼지는 사는 곳이 다를 뿐 모양이 똑같다. 사람도 사는 환경이 다르면 문화 수준이나 생활 방식에 차이가 있듯이 동물도 성격이나 식성이 달라진다. 알다시피 산돼지는 지렁이 한 마리를 찾아 몇십 미터의 논둑을 파헤친다. 그러다가 수영과 달리기도 실컷 하고 간다.

문득 역지사지라는 말이 생각난다. 산짐승이 밤새도록 배회해도 배가 고파 죽을 지경이니 어찌 논밭에까지 내려오지 않을까 보냐. 과연 고구마와 벼이삭이 수두룩하고 주렁주렁한데 포식하고 가는 것이 무엇이 나쁘단 말이냐. 농부들의 피땀을 생각하면 그냥 산속에서 굶어 죽어야 할 것 아닌가.

너무도 자명한 일이지만 짐승이든 사람이든 목숨이 있는 것은 모두가 보호되어야 한다. 재작년 동네 텃밭에 산돼지 일가족이 행차하여 고구마를 송두리째 파먹고 갔다. 지난해에는 몇 겹으로 줄을 쳤더니만 아예 오지를 않았었다.

금년에는 벌써 선발대가 왔다 갔다. 아직까지 격일인 것을 보면 다른 곳에 다니느라고 시간이 없는가 싶다. 전날 총소리가 많이 나더니만 그놈은 죽고 다른 놈에게 인계인수를 했는지 까마득히 모를 일이다. 그런데도 노루와 오소리가 합세했으니 아마도 연락을 단단히 받은 모양이다.

세상사에는 순리가 있는 법이다. 상생과 공생의 상부상조가 있다. 우선 콩도 한 구멍에 세 개를 넣어야 한다. 하나는 충실하지 못할 수도 있고, 다른 하나는 까치나 비둘기의 먹이이며 남은 하나만 주인의 몫인 것이다. 생명이 최귀하고 존엄할진대, 살기 위하여 제자리에서 양분을 섭취하거나 움직이거나 간에 그 원리가 무엇이 다르랴.

따져보면 자연과 환경은 인간만의 무대가 아니다. 사람도 살고 짐승도 살아야 하는 공동의 생활 터전이다. 새삼스럽지만 사람의 지혜가 발달하는 만큼 다른 생물도 진화를 거듭한다. 생자필멸과 회자정리도 결국에는 생로병사의 원천에서 비롯된다.

내가 국민학교에 들어가기 전, 나는 아버지를 따라 나무를 하러 갔었다. 그때 지게질이 서툴러 자주 미끄러지고 처박았다. 고등학교 방학 때면 친구들은 삼삼오오 등산이나 야유회를 가는데 나는 아버지의 명을 따라 논매기를 하였다.

그날 아버님께서 하신 말씀이 지금도 귀청을 울린다. 나는 평생 흙을 팠지만 너만은 손톱 밑에 흙을 넣지 말라는 당부이셨다. 그래도 농사짓는 사람들의 마음을 잊어서는 안 된다고 하였다. 그것뿐이던가. 굶어 죽더라도 남의 재물을 탐하지 말고, 사람 많은 서울로 가라는 뜻이 더욱더 쟁쟁인다. 하물며 행복은 돈의 양이 아니라 마음의 잣대라는 철리를 깨우쳐주셨다.

나는 오늘 지게를 지고 밭으로 나간다. 피보다 더 선명한 고추가 탐스럽게 달려 있다. 옥수수가 햇볕에 그을리고 참깨 꼬투리가 입을 살짝 벌렸다. 감나무는 홍시 준비에 한창이고, 밤송이는 채 줄을 서기도 전에 왕벌이 침을 박아 사고를 쳤다. 열무 씨앗을 묻은 지 불과 사흘인데 파란 싹이 보인다.

문득 췌장암으로 시한부 선고를 받은 어느 교수의 '마지막 강의' 가 생각난다. 죽음의 신을 골탕먹이는 방법은 오래 사는 게 아니라 잘사는 것이고, 세상에서 가장 소중한 단어는 '진실 말하기' 라고 하였다. 거기에 세 음절을 더 보태라고 한다면 '언제나' 라고 첨언하고 싶다.

하지 넘어 손수 모심기한 천수답에 벼가 겨우 뿌리를 박는데, 조식한 옆집 논에서는 출수가 한창이다. 늦게 심은 잘못을 망각하고는 못 자란 벼를 원망하는 인간의 꼴이 한심할 뿐이다.

퇴계 선생의 「훈몽」시에 이런 말이 있다.

> 많은 가르침은 싹을 뽑아 북돋움과 한가지니/ 큰 칭찬이 회초리보다 훨씬 낫다네./ 내 자식이 어리석다 말하지 마라/ 좋은 낯빛 짓는 것만 같지 못하리.

(多教等揠苗/ 大讚勝撻楚/ 莫謂渠愚迷/ 不如我顏好)

생명을 경시하고 이법을 외면하면 큰 벌을 받는다. 만사에 전후가 있는 법이니 욕심이 도를 넘으면 화를 불러온다. 사람들은 거짓과 위선으로 영달을 치부하지만 자연은 진실만을 토한다. 초목도 생명이 있고 산돼지도 영물이지만 살생유택만은 인간의 선택과 지혜라고 으스대며 우겨볼까.

벌써 대추 볼이 붉어진다. 적자생존과 약육강식은 이승의 순리이다. 그렇지만 아름다운 자연과 환경이 파괴될까 그것이 걱정이다.

황 | 광 | 지

분갈이

더 쌀쌀해지기 전에 겨울 준비 분갈이를 해야겠다고 몇 날 며칠을 미루어 오다가 큰마음을 먹고 드디어 일을 시작했다. 다른 화초들은 갈이를 해도 그만 안 해도 그만이지만, 관음죽분은 그동안 관음죽이 너무 자라 보는 사람마다 화분이 작다고 말들을 하고, 내가 보기에도 남의 옷을 얻어 입은 것처럼 초라하게 보였다. 분갈이를 해야겠다고 벌써부터 계획해 오다가 어저께 시장 꽃집에서 제일 큰, 흰 사기 분으로 구입해 왔던 것이다. 헌 분에서 조심스럽게 관음죽을 쏟아 내면서 왈칵 눈물이 쏟아졌다. 너무도 싱싱하게 뿌리 내리고, 싱그럽게 잘 자라준 관음죽의 자태에서 엄마의 정이 생생히 되살아났다.

1995년 『한국수필』로 등단. 경남문협우수작품집상 수상. 수필집 『로마의 단감나무』 『덤』. 경남가톨릭문인협회 회장. 가향 동인, 한국문인협회 회원. 마산 가톨릭여성회관 관장

3년쯤 전인가? 편치 않으신 몸으로 엄마가 어린 관음죽분 하나를 먼 길에 다칠세라 이리저리 잘 에워싸서 머리에 이고 오셨다. 대구에 갈 때마다 종자 좋은 관음죽 하나를 주고 싶어서 가져가라고 하셨지만, 짐이 많다는 핑계로 차가 복잡하다는 핑계로 김서방이 성가셔 한다는 핑계로 그냥 오곤 했는데……. 젊은 우리도 둘, 셋이 오면서 무겁다고 들고 오기를 마다했는데 엄마가 힘들게 버스를 몇 번씩 바꾸어 타면서 가지고 오셨던 것이다.

"니는 너거 아부지 닮아서 꽃 잘 키우더라, 문지는 갖고 간 거 다 말라 직이던데, 너거 집에 갖고 온 거는 전부 이래 잘 크네!"

엄마는 우리가 자라는 동안 아버지가 꽃에 기울이는 극성 때문에 다투기도 많이 하시고 역정도 많으셨다. 그래도 한평생 함께해 온 아버지의 그 좋은 솜씨가 항상 자랑스러웠고, 그 솜씨를 제일 많이 이어받았다 싶은 셋째 딸이 기특하게 생각이 되셨던가 보다. 그렇기에 친정에 가서 다른 친척들이라도 함께 만나는 때면

"야는 꽃을 잘 키우니라."

하며 잊지 않고 아버지의 재능 승계에 대한 딸 자랑을 늘어놓곤 하셨다.

"영감은 죽은 꽃도 안 살리나!"

하는 아버지에 대한 칭찬에는 못 미치지만 일곱 형제 중에서는 제일이라는 것이며, 나로서도 어느 정도 그렇게 자부하고 있었다. 위로 언니들은 그 많은 꽃들에 물 주라는 소리가 겁이 나서 해가 지고 나서야 학교에서 돌아올 정도로 꽃을 일거리로 보았다. 나에게는 그 의무가 없었기에 꽃에 애착을 갖고 아버지의 정성이 귀하게 여겨졌을 게다. 역시, 동생들은 부모님이 나이 드시고 큰 딸들이 출가한 통에 하기 싫은 물 주기를 꾸역꾸역 해야만 되었고 꽃은 항상 골칫거리로 그들에게 자리 잡혀 있었는지 모르겠다.

새 분에 마사를 넣고 배양토와 비료를 섞으며 흙을 고르는 동안 엄마에 대한 생각이 자꾸만 가슴을 쳤다. 그날 허름한 차림에 화분까지 머리에 이

고 들어서신 엄마의 모습을 보며, 관음죽분을 반기기보다 오히려, 멀리 다닐 때 왜 옷을 차려입고 다니지 않느냐, 화분은 뭐 하러 가지고 오느냐 하며 마구 언짢아했던 기억들이 나를 떠다미는 듯 살아났다. 사춘기 여고생도 아니면서 엄마가 그런 행색으로 나타난 것이 몹시도 싫어서 분을 빼앗듯이 받아 베란다로 내놓았던 어리석음.

행색이야 아무려면 어때, 내 엄만데. 지금의 이 너그러운 마음이 그땐 없었을까? 무엇 때문에 그토록 화를 냈는지. 아무것도 아닌 것을.

어린 관음죽은 그 때 받은 학대에 오기를 보이는 듯, 아니면 못난 딸에 대한 엄마의 정성을 다 보여 주기라도 하는 듯 놀라울 정도로 무럭무럭 자랐다.

나는 어떻게 키웠냐고 칭찬하는 동네 사람들의 말에 으쓱했고 '이게 얼마짜리는 되겠다' 하는 비싼 화초의 매력에만 젖어 있었다.

그러나, 지난겨울 엄마가 마지막 병석에서 사경을 헤매다 결국, 채 봄이 오기도 전에 떠나셨고 관음죽은 그때부터 내 눈에 다르게 비쳐졌다. 종자 좋은 관음죽 하나 주고 싶어 하시던 부모님 마음, 엄마는 오죽 힘들게 가져오셨을까? 그것을 반기지 못했던 죄책감이 이제야 내 마음을 후벼내는 것이다. 뉘우치는 마음으로 정말 잘 가꾸어 보겠다고 다짐했다.

"엄마, 다 용서해 주이소-."

추석 성묘 때 엄마 무덤 앞에 앉아도 나오지 않던 눈물이 관음죽 분갈이를 하면서 줄줄 흘러내렸다. 관음죽은 얼마나 잘 컸는지 아들녀석 키만큼이나 될 것 같다. 플라스틱화분에서 제격에 맞는 고급 사기화분으로 옮겨 심고 나니 더욱 그 자태가 웅장해 보였다. 마치 일곱 형제를 잘 키워낸 엄마의 모습처럼.

소설

표성흠

표 | 성 | 흠

준순이

무너져 내린 담장 한 귀퉁이에 텃밭이 있다.

정년퇴직을 한 뒤로부터는 이리로 거처를 옮겨 채마밭 가꾸는 재미로 지낸다. 가끔씩 찾아오던 친구들도 이제는 발길을 끊었는지 풍개가 익었는데도 따먹는 사람이 없다.

두 사람 살기엔 너무 넓은 감이 있지만 어려서부터 살던 집이라 구석구석 정 안 간 데가 없다.

"고추 농사가 잘 되었나 봅니다."

우편집배원이 봉투를 하나 들고 고추밭 가운데까지 들어서며 인사를 한다. 보통 때 같았으면 대청마루에 그냥 휙 던져버리고 갔을 텐데 우편물을

중앙대학교 문창과, 숭실대학교대학원 국문과 수학. 1970년 《대한일보》 신춘문예 시 당선, 1979년 월간 『세대』 신인문학상 소설 당선. 시집, 창작집, 장편, 희곡집, 아동물 등 쓴 책 107권. 현재 경남소설가협회장. 풀과 나무의 집 문학학교 운영

들고 밭 가운데까지 들어오는 걸 보면 사인을 받아가야 할 우편물인 것 같다.

"한번 보세요. 주소 대신 약도가 그려져 있는데 아무래도 선생님 댁인 거 같아서요."

"추동댁이라? 수취인 이름은 우리 어머님 택호가 맞긴 한데…."

그림은 주소랍시고 그려 넣은 우리 집 약도이고 수취인 이름은 이미 돌아가신 지 오래된 어머니 택호였다. 초등학교 일학년 수준의 글씨다.

"아마 문맹자인가 봐요. 주소를 약도로 대신해 넣은 걸 보면…."

옛날 홍천군 두촌 금광에 노다지가 쏟아져 나올 때 '괘석리 금광 아무개'라고만 써도 편지가 전달되었다더니 꼭 그 모양이다.

"서울 김서방 찾기였을 텐데 용케도 여기까지 왔네."

우편번호만 있으면 어디든 찾아간단다.

그런데 내용인즉 발신인 이름이 전혀 기억나지 않는 청첩장이다.

"이게 누구지?"

집배원이 가고 난 뒤에 한참을 고민한 끝에 떠오르는 얼굴 하나를 잡았다. 준순이었다. 그라면 충분히 이런 청첩장을 보낼 만하다.

그해 아버지는 읍 의원에 당선이 되었다.

건국 이래 처음으로 민주화가 되었다며 지방자치제가 실시되고 그 살림을 맡아야 할 지방의회의 의원으로 선출되었던 때였으므로 우리 집은 늘 손님들로 북적거렸다. 조그만 지방의 소읍이었지만 독재를 부리던 자유당이 무너졌다고 좋아라 하던 민주당원들이 득세를 할 판국이었음으로 그동안 숨죽여 지내던 사람들은 활개를 폈고 당연히 핍박의 대상이었던 만년 야당 우리 아버지는 날개를 달았다. 당책이었던 아버지는 새로 발령받은 도지사 신도성 씨의 보좌관으로 보직을 받아 갈 거라며 이사 준비는 물론 중학생인 나를 어디로 전학을 시켜야 할지 전통 있는 학교까지 알아보는 부산을 떨었다. 그러나 곧바로 군사혁명이 일어났고 이 풀뿌리 같은 꿈들은 어둠 속에 내던져졌다. 40년도 더 지난 오늘날에 와서야 겨우 지방자치제가 실시되었으니 오뉴월 하루 빛만도 못한 민주화였다.

그날 아버지는 술에 잔뜩 취해 돌아오면서 여자 아이 하나를 데리고 왔다.

"야는?"

이 애가 누구냐고 어머니가 물었던 같다.

"너 이름이 뭐니?"

나도 물었던 것 같다.

아버지는 이내 꼬꾸라져 잠들었고 아이는 겁먹은 눈만 동그랗게 떠 이리저리 굴렸을 뿐이지 도무지 입을 열지 않았다. 그 입은 밥 먹을 때나 열리는 입이었지 말을 하기 위한 입이 아니었음을 며칠 뒤에나 알았다.

아이는 벙어리였던 것이다.

그 며칠 동안 어머니는 이 아이가 혹시 아버지가 딴살림을 차려서 낳아온 아이가 아닌가 하고 요모조모 따져 살피는 눈치였고 두 사람 사이에 심각한 기류가 흘렀던 것 같았지만 우리는 그 아이를 놀리는 재미로 무척이나 즐거웠다. 형이나 누나는 아이를 놀리거나 해코지할 나이가 아니라 별 관심이 없었지만 내 친구들은 있는 장난기를 다 발동시켜 아이를 놀려먹는 재미로 며칠을 보냈다.

그는 일체 말을 하지 않았다. 밥도 숟가락으로 먹는 게 아니라 누가 뺏어갈 새라 손바닥으로 한 움큼 움켜쥐고 입에 틀어넣고는 그냥 꿀꺼덕 삼켜버렸다. 그리고는 구석대기에 웅크려 나오려들질 않았다. 흡사 선불 맞은 짐승 같았다. 동네 어른들은 애가 잔뜩 겁을 집어먹었거나 공포심에 질려 말을 잃었다며 고아원에 데려다 주거나 지서에 갖다 줘서 부모를 찾게 해주라는 둥 의견들을 냈다.

"저 불쌍한 것을 어떻게 고아원에…."

어머니는 애를 집에서 키우겠다고 선언했다.

"그래, 키우다가 부모가 나타나면 그때 가서 주면 되지 뭐."

동네 사람들도 이 말에 동의를 했다. 마침 윗동네에 어떤 한량이 딴살림 봐 낳아온 아이를 데리고 온 일이 있어, 아버지도 그런 아이를 데리고 온 게 아니냔 의구심을 가졌던 사람들도 아버지의 인격을 믿는 눈치들이었고, 또 아이를 주워온 그때 상황을 본 사람들이 있어 일단 쓸데없는 의혹들은 떨쳐졌다.

'읍내 주막집 평상 밑에 기어 들어가 술지게미를 훔쳐 먹던 애를 본 사람들이 많았는데 모두 본체만체 지나간 것을…' 추동양반이 데려가는 것을 본 동네 사람도 있어 이를 증언했다.

이름을 지어준 것도 그날이었다. 아이를 놀려 한바탕 울리고 난 다음 '이거 뭐 이래? 이름도 없는 아이가 다 있나?' 하면서 길가에서 주워왔으니까 '준순' 이라고 하자는데 의견 일치를 보았던 것인데, 이름도 나이도 모르는 준순이는 여직도 경계심을 풀지 않는 앙칼진 들고양이 같은 발톱을 내밀며 크르렁거렸다.

그런 준순이는 우리 집에 십 년 넘게 살았다.

일도 억측이었고 힘도 셌다.

집안에 꼴머슴이 하나 있었지만 웬만한 일은 준순이를 따르지 못했다.

그동안 제 이름자를 쓰는 것도 가르쳤고 대인기피증을 없애는 데도 성공했다. 학교라도 보내 공부를 시키려 했으나 벙어리를 어떻게 받아주겠냐는 학교 선생님의 말에 억지를 부릴 수는 없었고 '그저 나중에 살다가 필요하면 네 자식 네 옷이나 지어 입히라' 며 어머니는 재봉틀 다루는 기술을 가르쳤다. 동네에서 한 대밖에 없는 '싱가 미싱' 이라 간혹 옷 수선을 해야 할 필요성이 있는 동네 아주머니들은 준순이에게 먹을 걸 몰래 싸다 바치거나 '동동구리무' 같은 걸 갖다 줄 정도였다.

동네 사람들은 딸 하나 잘 키워놨다고 칭찬들을 했다.

준순이는 나이 들면서 차츰 정상을 되찾고 제법 여자티를 냈다. 커피도 마실 줄 알았고 꽃도 화단에 가꾸는 여유를 가졌다. 가끔씩은 내 책장에 책들을 뽑아 책장을 넘기는 모습도 보였다. 그 내용을 알고 보느냐면 그저 고개만 끄덕였고 감정은 풍부해 울고 웃기를 잘 했다. 정확한 나이는 모르겠지만 나보단 한두 살 아래쯤으로 우리는 사춘기를 함께 보냈다.

그러는 동안 나는 학교를 다니기 위해 서울로 올라갔다.

방학 때 내려오니까 준순이가 없어졌다. 제 아비라는 사람이 와 데리고 갔다는 것이었다.

"잘 됐네 뭐, 가족이 찾아갔으면…."

그런데 그게 아니란다. 그 아비라는 작자가 술주정뱅이에다가 아무런 대책이 없는 사람이라 부산의 어느 여관집에 딸을 팔아먹었단다. 한번은 도망을 왔는데 온 전신에 멍이 들어 있더란다. 그런 아이를 또다시 데리고 갔는데 이번에는 어디다 어떻게 팔아먹었는지 모르겠다는 이야기다.

그 뒤에 그 아비라는 작자가 나타나 혹시 여기 준순이가 오지 않았냐며 찾으러 온 일이 있었다.

'그때 이 집에 그냥 두었으면…' 한숨을 내쉬는 그에게 '왜요, 준순이가 어디 잘못됐어요?' 물으니 대답은 않고 그저 한숨만 푹푹 쉬는 게 뭐가 잘못돼도 한참 잘못된 게 분명하다는 어머니의 판단이었다.

이날부터 어머니는 준순이를 찾아 나섰다. 사방으로 수소문을 하고 알 만한 사람은 사돈에 팔촌까지 연통을 놔놓았다. 그래도 찾지 못한 준순이었다.

준순이!

청첩인으로 신부 김 아무개 어머니 김명순으로 돼 있다.

그렇다면 이 신부에겐 아버지가 없는 게 분명하다. 신랑 측은 양가 부모가 다 있는데 신부 측은 아버지 이름 들어갈 자리가 비었다. 대개 혼사는 비슷한 양가가 모인다. 신부 측 아버지가 없는데도 혼사가 이루어진다는 것은 신부가 특출 난 경우가 아니겠는가? 한쪽 이가 빠졌어도 그를 채울 수 있는 그 무엇이 신부에게 있다면 그 한쪽 기운 걸 메울 수 있을 것이다. 이런 논리로 본다면 준순이 딸을 잘 키워 교육시켰다는 이야기가 아닌가. 하기야, 누구한테 받은 교육인데… 추동댁을 통해 받은 가정교육이라면 어디 가도 손색 없는 여자가 되었을 것이다.

나는 갑자기 추동댁이라 불리던 어머니 생각이 난다.

"야 이놈아 말 못하는 애라고…."

준순이를 발로 찼다가 부지깽이로 등짝을 얻어맞은 일이 있었다.

준순이 때문에 혼난 일은 그뿐만이 아니다.

과수원에 농약을 치는 날이었는데 비가 올 조짐이었다. 비가 오면 아까운 농약만 허실된다고 칠까 말까를 망설이고 있었는데 그 시간이 길게 느껴졌다. 약을 치려면 빨리 치든지 아니면 그냥 덮어두고 다음으로 미루든지 성질 급한 나는 갑갑증을 못 참아 씨근덕거렸다.

약을 치려면 한 사람은 약 치는 기계에 펌프질을 해야 하고 한 사람은 분무기를 잡고 농약 살포를 해야 한다. 그 새 중간에 줄이 잡초에 걸리지 않게 줄을 잡아 줄잡이를 해야 한다. 또 한 사람이 더 있어 물을 긷고 농약을 배합하여 약통에 갖다 붓는 일과 약이 엉겨서 앙금이 생기지 않도록 젓는 일을 도맡아야 한다. 네 사람이 한 조가 되어야 농약살포를 성공적으로 할 수 있다는 이야기이다. 주로 약대를 잡는 일은 억척 같은 어머니가 맡았고 힘을 써야 하는 펌프질은 준순이와 내가 번갈아 했다. 아버지는 전문가만이 비율을 맞출 수 있는 농약 태우기와 약물 젓는 일을 겸했다. 그나저나 이 일이 어서 빨리 끝나야 개울에 가서 고기를 잡고 친구들과 놀 수 있는 나로서는 약 치는 날이 가장 고역스럽다. 이 짜증스러운 기다림 속에서 퍼뜩 생각해낸 것이 파르스름한 농약을 준순이에게 먹여보자는 엉뚱한 생각이었다. 유산동이라는 농약은 그 색깔이 너무 맑고 아름답다. 연초록빛을 띠는 게 마치 옥색 저고리이거나 저 깊은 하늘 속 같다. 언뜻 마셔보고 싶은 충동이 이는 색깔이다. 이날 나는 무심코 이 유산동을 강아지풀에 찍어 준순이 입에다 갖다 대다가 '이놈이 이거 생사람 죽인다' 며 냅다 후려치는 지게 작대기를 맞았다. 그때 나는 어머니가 나보다 준순이를 더 아낀다고 울며 집을 나가는 촌극을 벌였다.

그런 준순이라면 이름도 주소도 불확실한 추동댁에게 청첩장을 보낼 만하다 할 것이다. 그간의 우여곡절이야 다 접어두고 자신이 낳고 기른 아이의 결혼식을 자랑하고 싶었을 것이다. 낳은 정 기른 정 일일이 다 가리지 않더라도 제가 사람이라면 제 생애 가장 경사스런 날인 딸의 결혼식에 자기를 길러낸 추동댁을 모시고 싶은 마음이 들었을 것이다.

참 바로 된 아이야. 아이가 아니라 이제 저도 희끗희끗 흰머리가 박혔을 것이다. 내 머리에 서리가 앉았을진대 제 머리에도 서리가 내렸을 것이다. 저하고 나하고 나이 얼마 차이라고? 그런데 이제야 딸을 결혼시킨다고? 그러면 결혼을 늦게 했단 말인가? 아니면 뒤늦게 어디 자리를 얻어 다시 낳은 여식인가? 아니다. 나도 자식 혼사 마감시킨 지가 불과 몇 년 전이다. 그렇다면 나이로 따질 일은 아니다. 충분히 그럴 수 있는 연배다.

그건 그렇고 준순이의 본명이 김명순인가? 모르겠다. 이름이 무슨 대수이겠는가? 만약 이 청첩인이 그 준순이가 옳다면 가봐야 할 것이 아닌가 하는 생각이 든다. 평소 집안 대소사는 물론 길흉사를 막론하고 사람 모이는 자리 가기를 싫어하는 성격인지라 부조금 축낸 지가 오래됐지만 이번만은 다르다는 생각이다.

"뭔 일이래요?"

일손을 놓고 멍청하니 청첩장을 펴 보고 있는 내게 묻는 아내의 질문이다.

"당신 부산 구경하게 생겼네?"

"부산? 부산은 왜요?"

"준순이 딸내미가 결혼을 한다나 봐."

아내는 잠자코 내미는 청첩장을 받아들고 내용을 확인한다. 그러면서 피식 웃으며 하는 말이 '가시게요?' 다. 바깥출입 끊은 지가 언젠데 이런 일에 동요가 되어 저러나 싶은 모양이다. 그러면서 또 덧붙이는 말이 '아직도 그 애를 못 잊는 모양' 이라며 가실 요량이면 혼자 가시지 왜 자기는 끌어들이느냐는 힐난이다.

아내가 이렇듯 시큰둥한 데에는 그만한 까닭이 있긴 하다.

이제 갓 결혼을 해 신혼 초였을 때 준순이가 나타났다.

어디서 어떻게 살다가 왔는지 입술에는 새빨간 칠을 하였고 가슴이 파인 드레스를 입었는가 하면 걸음을 걸을 수없을 정도의 높은 구두를 신었다. 말로만 듣던 준순이가 아님에 놀란 것은 아내뿐만 아니라 나 역시도 놀라 자빠질 뻔하였다. 외양이 그래서만은 아니었다.

"오옵빠…."

하면서 억지로 발음하는 그 억양엔 교태가 섞여 있었고 예사로 아내와 나 사이를 비집고 앉는 버르장머리 없는 행동도 스스럼없이 했다. 뿐만이 아니었다. 노출증도 아주 심했다.

"옛날에 어떤 사이였어?"

아내는 서슴없이 이렇게 묻기까지 했다.

"기가 막혀…."

나는 아내의 의구심이 기가 막힌 게 아니라 눈앞에서 펼쳐지는 준순이의 이상행동이 기가 막힌다는 말이었는데 아내는 자기의 물음이 기막히다는 말로 오해했다. 당연히 전쟁이 한바탕 벌어졌다. 최초의 부부싸움이었다.

"걔가 저거 왜 저란다니?"

모처럼 놀러 왔던 이모님도 보시고는 아무래도 정신이상이라며 정신병원에 데려가 볼 것을 권유할 정도였다. 이모님의 진단이 옳았다. 일종의 집착증이었다. 남자들한테 너무 많이 시달려서 오는 정신장애라는 것이었다.

때마침 제 아비라는 작자가 다시 찾아와 준순이를 데리고 가긴 했는데 후문이 좋지 않았다. 이번에는 아주 큰돈을 받고 빼도 박도 못할 그런 곳에 팔아먹었다는 이야기였다. 그런 곳이 대체 어떤 곳일 것인가? 말도 못하는 벙어리가 큰돈에 팔려갈 그런 곳이 어디 있단 말인가? 그러고는 잊혀져 간 준순이다.

이날 저녁에 전화 한 통을 받았다.

처음 들린 소리는 '오옵빠….' 로 틀림 없는 준순이 목소리였지만 금방 수화기를 건네받은 목소리는 아주 차분하고도 교양이 들어 보이는 젊은 여자의 목소리였다.

"저는 말 못하는 어머님 대신에 전화를 합니다."

"어머니 이름이 준순이 맞는가?"

상대는 준순이라는 이름은 금시초문인 듯하다. 나는 얼른 말머리를 돌린다. 그래, 맞아 준순이란 이름은 모를 테지… 이름이야 어쨌건 어머님 오른쪽 눈 아래 흉터가 하나 있지? 예. 그럼 준순이가 맞네….

통화내용은 이렇다.

자기 엄마 이름은 김명순인데, 어릴 때 자란 곳이 지금 선생님 댁이 맞고 지금도 그곳 이야기를 들려준다는 것이다. 말도 못하는데 어떻게 그런 이야길 들려 주노? 그래도 자기는 들어서 알고 있단다. 유년시절의 말도 못할

고생이며 그 고생을 마감시켜 준 추동댁네의 가족들을 너무 잘 알고 있단다.

그간의 사정은 접어두고 핵심만 이야기하겠다며, 자기가 결혼을 하는데 신부의 손을 잡고 들어갈 사람이 아무도 없어 그냥 혼자 입장하려 했는데 어머님은 누군가 손을 꼭 잡고 들어가도록 해야 한다며 선생님을 지목하셨단 것이다. 그래서 주소도 정확히 모르는 수취인 자리에다가 그림을 그려 넣는 촌극까지 일어났으니 꼭 어머니 소원을 들어달란다. 자기는 대학교도 다녔고 직장도 가진 여성이라며 내려오시면 그간의 은공을 갚겠노란다. 조금도 어줍은 기색이 아니다. 옆에서 통화내용을 듣고 있던 아내는,

"당신 딸이라도 되나 보네?"

또 빈정거렸다.

"여자들이란 참…."

나는 오랫동안 끊었던 담배를 피워 물 만큼 심란한 상태가 되어 방을 나왔다. 갑자기 술이라도 한 잔 하고 싶은 기분이다. 준순이가 저 정도의 반듯한 아이를 낳아 길러냈다면 그 아이를 길러낸 어머니는 성공한 것이다. 황소고집이라며 '이 엉티를 꺾지 않고서는 인간 만들기 어렵다' 빗자루 몽둥이로 두들겨 패는 통에 이를 말리던 내 손마디가 나갈 뻔한 적도 있었다.

사람은 키워놓으면 앙물한다는 말은 틀렸다. 더군다나 치마 입은 것 거둬놓으면 더 큰 앙물한다는 말은 더 틀렸다. 적어도 삼사십 년은 족히 흘렀을 세월에다가 그간 연락이 한번 없던 사람에게서 이런 전화를 받고 나니 황당하다 못해 어안이 벙벙하다.

얼마나 말이 하고 싶었을 것인가? 그런데도 마음대로 통화를 할 수 없는 입을 가졌으니 그럴 수도 있겠다. 그동안 전화만 걸어놓고 괴성을 지르고 끊었던 전화들이 간간이 있었는데 그게 혹시 준순이 전화였던가? 그래도 그렇지, 다른 사람을 시켜서 할 수도 있었을 텐데…. 별의별 생각이 다 든

다. 어머니 임종 당시 꿈에 준순이를 보았다면서 '나 죽은 줄 알면 그 누구보다도 슬피 울며 달려올 텐데' 하던 말이 떠오른다.

"안 피우던 담배까지 피우는 거 보니 심란한 모양이네…. 가서 신부 입장 시켜줄 거예요?"

아내는 여전히 빈정거리고 있다.

아내는 모른다. 우리는 친동기간처럼 지냈다. 누이는 있었지만 나이차가 나 말 붙일 상대가 못됐고 어머니는 집안 생계를 위해 바빴다. 지금도 내게 정치에 신물을 내게 만든 아버지는 늘 그놈의 정당생활인가 뭔가 한답시고 바깥으로만 나돌아 집안일은 나 몰라라였으므로 나는 맘 붙일 곳이 없었다. 그러한 내 방을 청소해 준 사람도 준순이었고 손수건을 다림질해서 준 사람도 준순이었다. 심지어는 아파 누운 내게 밥숟갈을 떠먹이던 사람도 준순이었다. 그는 내게 있어 동생이 아니라 오히려 어머니나 누나 같은 존재였다. 모르긴 몰라도 그 역시 그런 생각이었으니까 지금 당당하게 이런 요청을 하고 나서는 것이 아니겠는가.

"내 양복 있던가?"

"당신 양복 안 입은 지가 언젠데…."

그래도 가금씩 주례 설 때나 아들 장가갈 때 입던 양복이 하나 있을 터인데 아내는 시침을 뗀다.

"그 있잖아. 애 장가갈 때 입었던 옷."

"그게 언젠데? 겨울옷 입고 갈래요?"

그러고 보니 춘추복이나 동복은 있을 것 같은데 여름 양복은 입어본 적이 없는 것 같다.

"불쌍하기도 하네요…."

아내의 빈정거림은 여전하다.

"이참에 양복 한 벌 지어 올리라고 하시지 그래요?"

"그럴까?"

이제는 이렇게 응수하는 수밖에 없다.

"양복 한 벌이 문제겠어? 그보다 더한 것도 해 줄 애야."

"애라니요? 걔도 벌써 환갑 밑자리 깔았을 나인데…."

아내는 드디어 마음이 풀렸는지 읍내 내려가 여름양복 한 벌 사자고 한다.

"의복이 날개라 안 해요? 아무리 집안에만 처박혀 산다 해도 출입복 하난 있어야죠. 그래야 그 덕분에 나도 한 벌 얻어 입지요."

밉지 않은 말이다.

"새옷 싹 빼입고 가서 잘 해보세요."

"잘 해보라니. 아직도 깡아리가 남아 있는 말 같네?"

그래, 우리가 보낸 그 지난한 세월을 당신은 이해 못해. 집안이 뒤집어지고 겨우 과일 함지 하나에 의지해 살아가야만 했던 한 집안의 몰락을 함께 붙들고 울고 웃었던 그 추억들, 술지게미나 훔쳐 먹고 겨우 연명하던 아이, 그 천덕꾸러기가 아이를 낳고 또 그 아이가 다시 커 혼배성사를 한다는데 기쁜 일 아닌가. 이게 인생살이 아닌가? 이렇게 해서 대를 이어가는 것이다.

"바닷가 모래알처럼 번성하라는 말이 떠오르지 않아?"

"당신 요즘 성경 읽어요?"

안 읽으면 그 말을 모르나. 2천 5십 년엔 한반도에 사람 그림자가 없어질 판국이라는데.

경남문협 생명사화집

사랑빛 생명노래

인쇄 2009년 11월 4일
발행 2009년 11월 10일

발행인 회장 김복근
발행처 경상남도문인협회
사 무 국 진해시 태백동 산 98-1
사무국장 김미숙(011-571-4488)

제작보급처 도서출판 경남
경남 마산시 서성동 66-18
http://www.gnbook.com
e-mail:gnbook@empal.com
☎(055) 245-8818, 8819
FAX(055) 223-4343
(등록 제2호 1985. 5. 6.)
ISBN 978-89-7675-589-6-03810

* 이 책은 경상남도예술문화단체총연합회에서
발간비를 지원받았습니다.

〈값 10,000원〉